Medienunternehmen im Social Web

Naemi Goldapp

Medienunternehmen im Social Web

Erkenntnisse zur reichweitenstarken Content-Generierung

 Springer VS

Naemi Goldapp
Berlin, Deutschland

ISBN 978-3-658-11736-8   ISBN 978-3-658-11737-5 (eBook)
DOI 10.1007/978-3-658-11737-5

Die Deutsche Nationalbibliothek verzeichnet diese Publikation in der Deutschen Nationalbi-
bliografie; detaillierte bibliografische Daten sind im Internet über http://dnb.d-nb.de abrufbar.

Springer VS
© Springer Fachmedien Wiesbaden 2016

Gedruckt auf säurefreiem und chlorfrei gebleichtem Papier

Springer Fachmedien Wiesbaden ist Teil der Fachverlagsgruppe Springer Science+Business Media
(www.springer.com)

Inhaltsverzeichnis

Vorbemerkungen

Aktualisierungsgrad
Das in der vorliegenden Arbeit untersuchte Thema entwickelt sich rasant weiter. Die Mediendienste berichten fast täglich von neuen Entwicklungen. Soziale Netzwerke und Nachrichtenportale entstehen und verschwinden wieder. Bezahlschranken werden eingeführt und wieder abgeschafft. Durch diese Schnelllebigkeit des Marktes können sich einige Fakten schnell verändern. Leser sollten daher beachten, dass die Arbeit den Stand der Erkenntnisse bis Juli 2015 berücksichtigt.

Erstfassung
Die vorliegende Veröffentlichung basiert auf einer wissenschaftlichen Arbeit, die ich als Prüfungsleistung am Institut für Journalistik der Technischen Universität Dortmund eingereicht habe.

Gendering
Aus Gründen der besseren Lesbarkeit wird in dieser Arbeit auf die weibliche Schreibweise verzichtet. Die männliche Form schließt jedoch an den Stellen, an denen es sinnvoll ist, die weibliche ausdrücklich mit ein. Zum Beispiel wird in der Arbeit an vielen Stellen der Begriff Nutzer allgemein für Medienrezipienten verwendet. Damit sind auch Nutzerinnen gemeint.

Glossar
Das Internet und der Medienwandel haben eine Reihe neuer Begriffe hervorgebracht. Um den Lesefluss zu erleichtern, wurden nur einige essenzielle Definitionen in den Text eingefügt. Im Glossar finden sich zusätzliche Erklärungen zu weiteren Begriffen. Diese sind bei erstmaliger Erwähnung in der Arbeit **gefettet**.

Nennung von Namen
Autoren werden nur bei der ersten Nennung im Text mit vollem Namen eingeführt. Danach wird der Nachname genutzt, es sei denn, die erneute Nennung des Vornamens erleichtert das Textverständnis. Haben zwei Autoren denselben Nachnamen, wird der erste Buchstabe des Vornamens immer zusätzlich genannt.

Rechtschreibung
Die Arbeit ist nach den Regeln der neuen Rechtschreibung verfasst, ältere Zitate
wurden dafür in ihrer Schreibweise angepasst.

Zitierweise
In der vorliegenden Arbeit wird die Zitierweise der American Psychological
Association (APA) angewandt. Demnach werden Gedanken anderer Autoren in
Klammern mit dem Verweis vergleiche (vgl.) gekennzeichnet. Die Quelle ist
durch den Autorennamen, der Jahreszahl der Veröffentlichung und der Seitenan-
gabe nachvollziehbar. Der Autorenname kann gegebenenfalls entfallen, solange
er direkt zuvor im Fließtext genannt wurde. Das gilt ebenso für Veröffentlichungen von Institutionen. Online-Publikationen besitzen keine Seitenzahlen. Bei
direkten Zitaten entfällt zudem die Abkürzung vgl. für vergleiche. Die vollstän-
digen Literaturangaben finden sich im Literaturverzeichnis am Ende der Arbeit.

1 Einleitung

Klassische Medien verlieren ihre Nutzer: Immer weniger Menschen interessieren sich für eine Zeitung. Nachrichten lesen viele lieber im Netz. Auch das Fernsehen verliert Zuschauer – online gibt es eine viel größere Auswahl an Videoangeboten und das jederzeit. Beim Radio sieht es ähnlich aus: Es verliert seine Hörer etwa an Musikdienste wie Spotify.

Die Medienbranche ist im Umbruch. Wohin dieser führt, ist noch nicht klar. Sicher ist derzeit nur, dass sich ein Großteil im Internet abspielt. Nutzer wechseln von den klassischen Medien dorthin, nutzen das Web zudem häufig als **Second-Screen-Medium**. Wollen klassische Medienmarken auch in Zukunft erfolgreich sein, müssen sie sich dort kompetent präsentieren. Doch die Frage lautet: Wie?

Durch die Möglichkeiten der digitalen Welt ist die Zahl medialer Angebote stark gewachsen. Jeder Nutzer kann selbst zum Medium werden, indem er Inhalte auf seinem **Facebook**-Profil **postet** oder einen YouTube-Kanal einrichtet. Für die klassischen **Massenmedien** wird es dadurch schwieriger, Nutzer zu erreichen. Bislang zählten Spiegel Online und Bild zu den Marktführern im Netz. Mit dem **Web 2.0** und dem Aufkommen **User-Generated-Contents** gerät diese Marktstellung nun ins Wanken: **Virale Medien** wie BuzzFeed, Upworthy und Heftig greifen die Platzhirsche an, indem sie die Aufmerksamkeit der Nutzer auf sich ziehen.

Ihr Geschäftsmodell ist dabei simpel. Die Plattformen spüren in den Weiten des Netzes hochgeladene Inhalte und Nutzerbeiträge auf und bereiten diese so auf, dass sie durch gezielte Anzeigen und hohe Klickraten finanzielle Erträge abwerfen. Die Erfolgsfaktoren der so genannten **Click-Bait**-Medien scheinen einerseits die kostenlosen und emotionalen Inhalte, andererseits auch deren Aufbereitung zu sein. Doch auch in der Distribution unterscheiden sie sich von den klassischen Massenmedien: Sie holen ihre Nutzer dort ab, wo sie sich im Netz mitunter am stärksten aufhalten: in den Sozialen Netzwerken. Klassische Medien können dort kaum Nutzer gewinnen.

Der Erfolg von Heftig zeigt, dass die klassischen Medien stärker denn je gefordert sind. Spätestens, seitdem die Seite Heftig.co im April 2014 – zwei Monate nach dem Launch – mehr **Likes** als Bild.de und Spiegel.de sammelte, nehmen auch klassische Medien die Bedrohung wahr. Wollen sie im Netz mithalten und keine Leser an die neuen Klickbringer verlieren, müssen sie ihre Inhalte stärker verkaufen sowie ihre Leser und die Funktionsweisen Sozialer Medien besser kennenlernen. Dabei können sie von den noch relativ neuen Medien lernen. Denn sie schaffen es, dass sich Inhalte im großen Stil verbreiten, wodurch hohe Werbeerlöse erzielt werden. Zudem engagieren sich die Portale zusehends nicht nur in unterhaltenden, sondern auch in nachrichtlichen Bereichen. Für BuzzFeed etwa ist Journalismus längst Teil des Konzeptes.

Da eine möglichst große Reichweite die aktuelle Währung im Netz ist, trage ich in der folgenden Arbeit die bisherigen Erkenntnisse zusammen, wie diese erreicht werden kann. Der Fokus liegt dabei auf der Auswahl und Präsentation von Inhalten sowie dem **Social Web** als Distributionskanal. Da das Thema in der Journalistik kaum erforscht ist, greife ich an den Stellen, wo es keine wissenschaftlichen Erkenntnisse gibt, auf medienjournalistische Berichte zurück und analysiere zusätzlich wissenschaftliche Erkenntnisse aus anderen Fachgebieten. So beschäftigt sich zum Beispiel das Marketing mit dem Phänomen, wie sich Inhalte im Netz virusartig verbreiten und dadurch hohe Reichweiten erzielen – und bezieht sich dabei auf Forschungsergebnisse der Soziologie und Psychologie.

Nach den einleitenden Worten in Kapitel eins arbeite ich in Kapitel zwei zunächst die Herausforderungen der Medienbranche im digitalen Zeitalter heraus. In Kapitel drei beschäftige ich mich mit der Bedeutung von Sozialen Netzwerken als Distributionskanäle, beschreibe deren Funktionsweise und führe aus, wie Medienunternehmen Soziale Netzwerke bislang nutzen. Anschließend fasse ich in Kapitel vier die Erkenntnisse zu viralem Content zusammen. Berücksichtigt werden Ergebnisse der interdisziplinären Forschung und der Analyse viraler Medien. In Kapitel fünf leite ich aus diesen Ausführungen Handlungsempfehlungen für Redaktionen ab, um in Kapitel sechs aufgrund aktueller Tendenzen in der Berichterstattung einen Ausblick auf die aktuellen Aufgaben und drängenden Fragestellungen im Journalismus zu geben.

2 Herausforderungen der Medienbranche im digitalen Zeitalter

2.1 Veränderungen im Mediennutzungsverhalten

Die Medienlandschaft steht im 21. Jahrhundert vor einer tiefgreifenden Herausforderung: Die Digitalisierung macht der Branche zu schaffen. Online ist das neue, immer beliebter werdende Massenmedium. Es ist schnell, multimedial, überall verfügbar – und eignet sich als Ausspielkanal für alle Medien.

Eigentlich ideal – wäre da nicht das Problem mit den finanziellen Erlösen. Bislang haben es nur einige Medienunternehmen geschafft, im Netz profitabel zu wirtschaften. Eine allgemein gültige Erfolgsstrategie gibt es derzeit nicht. Währenddessen verschärft sich die Situation für die Medien-Dinos der **Old Economy**. Die schnell wachsenden und mächtigen Unternehmen der **New Economy** machen der Branche zu schaffen (vgl. Sigler 2010: 12). Konzerne wie Facebook und Google sowie neue Medien wie BuzzFeed fordern die Branche heraus (vgl. ebd.) und werden zu den „makers of ‚everything' in our digital lives" (Pew Research Center for the People and the Press 2012).

Damit schwindet die Bedeutung der klassischen Massenmedien (vgl. Simons 2011: 7). Um am Markt zu bestehen, müssen sie handeln. Das vorliegende Kapitel bietet einen Überblick über die derzeit wichtigsten Herausforderungen.

Die heutige Situation auf dem Internet-Markt ist geprägt durch das Web 2.0. Anfangs ermöglichte das Netz Nutzern nur, statische Websites aufzurufen und zu durchsuchen. Dann jedoch kamen Anwendungen hinzu, die sie in die Lage versetzten, selbst aktiv zu werden, Inhalte zu produzieren, zu veröffentlichen und zu teilen (vgl. IT Wissen 2015c). Mit Webangeboten, auf denen Nutzer in der digitalen Welt Beziehungen pflegen können, **Soziale Netzwerke** genannt, entwickelte sich das Web 2.0 weiter (vgl. ebd.) und gewann Anfang des 21. Jahrhunderts an Beliebtheit (vgl. Agichtein/Castillo/Donato et al. 2008). Die ehemaligen Rezipienten von Medien wurden zu Produzenten und Konsumenten gleichermaßen (vgl. Sigler 2010: 12).

Schnelle Internetzugänge, die mobile Verfügbarkeit des Netzes sowie die Verbreitung von internetfähigen Endgeräten wie Smartphones und Tablets pushten diese Entwicklung weiter. Heute kann jeder Mensch mit einem internetfähigen Gerät selbst als Medium fungieren, Nachrichten etwa auf einem **Blog** oder in **Sozialen Medien** posten. „Medien haben ihr Monopol zur Herstellung von Öffentlichkeit verloren", beschreibt der Medienwissenschaftler Ralf Hohlfeld das Phänomen (2010: 24).

Die Popularität des Internets ist in den vergangenen Jahren stark gewachsen. Gingen 2000 nur 28,6 Prozent der deutschen Bevölkerung online, waren es im Jahr 2014 – der ARD/ZDF-Onlinestudie 2014 zufolge – 79,1 Prozent der Bevölkerung. Die Zahl der Nutzer wächst kontinuierlich und auch die Zeit, die sie im Web verbringen, steigt. Allein 2014 waren es durchschnittlich 166 Minuten pro Tag, 2003 waren es noch 138.

Die Studie zeigt auch, dass die Nutzung mobiler Endgeräte zu einem steigenden Internetkonsum führt. Diejenigen, die über neue Endgeräte im Netz surfen, haben eine höhere tägliche Verweildauer von 195 Minuten (vgl. ebd.). Die Zahlen zeigen eindeutig, dass sich das Internet zum Massenmedium entwickelt hat. Zudem etabliert es sich zunehmend als Second-Screen-Medium, das etwa neben dem Fernsehschauen genutzt wird. Für 15 Prozent gehört das laut der Studie bereits zur täglichen Routine.

Das Internet gewinnt an Beliebtheit, wie sich an Zahlen belegen lässt. War lange Zeit bei den 16- bis 18-Jährigen das Fernsehen das beliebteste Nachrichtenmedium, wurde es inzwischen vom Internet abgelöst. Rund 85 Prozent der Jugendlichen nutzen es als Nachrichtenquelle. Das Fernsehen verwenden dafür noch 81 Prozent, 60 Prozent hören Radio und 55 Prozent lesen zu dem Zweck Zeitung (vgl. Bitkom 2014). Dabei haben sich Soziale Netzwerke zur wichtigsten Nachrichtenquelle entwickelt. 63 Prozent der Jugendlichen konsumieren Nachrichten dort, 54 Prozent direkt auf Medienseiten (vgl. ebd.).

Auch wenn man das Surfverhalten im Netz unabhängig vom Alter betrachtet, bleiben Soziale Medien ein beliebtes Ziel im Netz. Das zeigt ein Website-Ranking von SimilarWeb, auf dem alle aus Deutschland aufgerufenen Domains aufgelistet sind. Auf den vordersten Plätzen liegen hier Google.de, Facebook.com und YouTube.com. Diese Websites surfen die Deutschen am häufigsten an.

Nachrichtenplattformen, deren Marken nicht erst wie etwa bei Yahoo.de oder T-Online.de durch das Internet entstanden sind, sind nicht in den Top-Platzierungen zu finden, sondern erst ab Platz 16. Den belegt Bild.de, auf Platz 17 findet sich Spiegel.de. Interessant ist jedoch, dass gerade die Platzhirsche Google und Facebook für **Traffic** auf den Nachrichtenseiten sorgen. So surfen zwar rund 63,6 Prozent der Nutzer Spiegel Online direkt an, 16,1 Prozent landen auf der Seite jedoch durch den Klick auf einen Link, 12,2 Prozent, da sie in Suchmaschinen nach Nachrichten suchen und 8,0 Prozent kommen aus Sozialen Netzwerken. Bei Bild.de sieht es trotz der Freemium-**Paywall**, die lediglich einige Inhalte frei zugänglich macht, andere hinter einer Bezahlschranke versteckt, ähnlich aus (vgl. ebd.). Dass viele Nutzer die Seiten direkt aufrufen, zeugt einerseits von starken Marken (vgl. Schmidt 2014b), es kann jedoch auch so interpretiert werden, dass nur wenig Leser in den Sozialen Netzwerken für das Produkt begeistert werden können.

Wie wichtig es ist, dass Medienunternehmen sich mit Sozialen Netzwerken beschäftigen, zeigen Zahlen, die das größte Netzwerk Facebook 2013 erstmalig veröffentlicht hat. Demnach surfen rund 13 Millionen Deutsche täglich auf die Seite (vgl. Kulow 2013). Damit zieht das Soziale Netzwerk mehr Menschen an, als die größte Zeitung Bild, die täglich 11,3 Millionen Leser erreicht (vgl. Axel Springer Mediapilot 2014). Diese starke Anziehungskraft entwickelt sich für Medienunternehmen zu einem Problem – wenn sie nicht handeln. Denn die Medienangebote im Netz verlieren Nutzer. Die Zeit, die diese auf Facebook surfen, ist nicht etwa zusätzliche Zeit, die sie im Netz verbringen, sondern sie wird bei anderen Online-Aktivitäten eingespart (vgl. Azevedo 2011). Die klassischen Medien müssen ihre Nutzer deshalb in den Netzwerken wieder einfangen. Dafür müssen sie dort präsent sein und Nachrichten spezifisch für das Portal aufbereiten. Wie die zuvor vorgestellten Zahlen zeigen, gelingt das den klassischen Medien bislang nur bedingt. 8,0 Prozent wie bei Spiegel.de stehen 87,0 Prozent bei Heftig.co gegenüber. Wer also über Facebook Nachrichten und Unterhaltung konsumiert, landet bislang eher selten bei den klassischen Medien.

Die Aktivitäten bei Facebook könnten auch aus einem weiteren Grund wichtig für Medienunternehmen sein. Denn bislang fallen 33 Prozent aller Anzeigen im Web auf Soziale Netzwerke, auf Nachrichtenseiten lediglich 5 Prozent (vgl. Schindler 2013). Soziale Netzwerke graben nicht nur Nutzer ab, sondern auch Anzeigenkunden. Schon das sollte Antrieb genug sein, sich intensiv mit den Plattformen und ihren Gepflogenheiten auseinanderzusetzen.

Dazu gehört auch die Veränderung des Rollenverständnisses klassischer Medien. Anstatt der bisher gängigen One-to-many-Kommunikation herrscht im Netz die Many-to-many-Kommunikation (vgl. Ehring 2011: 16). Nicht nur kann im Web jeder Mensch als Medium auftreten und ohne finanziellen Aufwand etwas publizieren, die Kommunikationskultur unterscheidet sich komplett. Menschen wollen mitreden und diskutieren – gerade in Sozialen Netzwerken. Oscar Westlund und François Nel schreiben im „Handbook of Social Media Management" zur aktuellen Rolle der Netzwerke (2012: 181): „Social networking sites are paving way for the virtual coffee house, in which conversations about, or at least recommendations of news articles can take place." Dabei gilt im Netz die 90-9-1-Formel von Online-Community-Experte Jakob Nielsen (vgl. Walch 2012: 23f.). 90 Prozent der Nutzer verhalten sich online gering aktiv, 9 Prozent tragen sporadisch etwas bei und nur 1 Prozent engagiert sich sehr stark. Dabei sind die 1

Prozent für rund 90 Prozent der Inhalte online verantwortlich. Für Medienunternehmen interessant ist zudem, dass journalistische Beiträge eher passiv konsumiert werden und Diskussionen lieber in Sozialen Netzwerken geführt werden als auf Medienseiten (vgl. Westlund/Nel 2012: 197). In der Praxis bedeuten diese Erkenntnisse, dass Medienunternehmen davon ausgehen können, dass von 90 Prozent ihrer Facebook-Fans etwa jeder Zehnte auf den „Gefällt mir"-Button klickt und nur einer von Hundert einen Kommentar darunter schreibt (vgl. Walch 2012: 24).

Gerade dieser kleine Anteil an Nutzern ist jedoch besonders kostbar für Medienunternehmen. Denn sie tragen zur Verbreitung von Inhalten bei, wenn ihre Aktivitäten ihren Freunden im Newsfeed auf Facebook angezeigt werden. Die Bedeutung fasste Ansgar Mayer, ehemaliger Leiter Crossmedia der Axel Springer Akademie, wie folgt zusammen (2013: 145): „Relevant ist für einen Mediennutzer nicht, was das Gütesiegel irgendeiner Redaktion trägt, sondern was ihm von Freunden empfohlen wird. Das kann der Link zu Spiegel Online sein, aber ebenso gut die neue iPad-App des BMW-Magazins oder ein HD-Imagevideo auf YouTube." Somit können aktive Nutzer weit mehr für Medienunternehmen tun, als Inhalte zu verbreiten. Sie können durch ihre (Lese)Empfehlungen auch zur Stärkung der Marke beitragen.

2.2 Handlungsbedarf klassischer Medienverlage

Die Medienbranche ist in Aufruhr. Sie sieht sich mit einer Vielzahl an Herausforderungen konfrontiert: Die Digitalisierung bringt ein verändertes Kundenverhalten, eine Verlagerung der Anzeigenerlöse sowie neue Konkurrenten mit sich. Deshalb ist der Handlungsdruck groß – Journalistik-Professor Klaus Meier etwa berechnete, dass 2034 die letzte Zeitung über die Ladentheke gehen wird – wenn die Abwärtsspirale aus sinkenden Anzeigenerlösen und zurückgehenden Abos nicht gestoppt wird. Bis dahin müssen zumindest Printverlage ein profitables digitales Geschäftsmodell entwickelt haben (vgl. 2012).

Da es kein Patentrezept für eine digitale Strategie im Online-Bereich gibt, experimentieren die Verlage mit unterschiedlichen Konzepten. Spiegel Online kann etwa als eines der reichweitenstärksten Online-Medien mit Anzeigenerlösen Geld verdienen – Werbung ist die Haupteinnahmequelle und soll es auch bleiben (vgl. Meier, C. 2014b). Andere Medien testen verstärkt verschiedene Formen von Bezahlschranken (engl. Paywalls). 107 kostenpflichtige Nachrichtenwebsites zählte der Bund Deutscher Zeitungsverleger (BDZV) im Mai (vgl. 2015a). Welt Online oder die Ruhr Nachrichten orientieren sich dabei etwa an dem Modell der New York Times, dem Metered Model. Es gewährt Lesern pro

Monat lediglich eine geringe Anzahl kostenlos verfügbarer Artikel und arbeitet mit verschiedenen digitalen Bezahlmöglichkeiten, Leser können zum Beispiel zwischen einem Monatsabo oder Tagespass wählen, um nach den Freiartikeln weiterlesen zu können (vgl. Böxler 2012: 39). Andere Medien, z.B. der Kölner Stadt-Anzeiger und die Rhein-Zeitung, verstecken alle Angebote hinter einer Bezahlschranke. Derartige harte Paywalls sind jedoch umstritten. Denn ihre Einführung geht mit Einbußen der Reichweite und damit auch einem Rückgang der Anzeigeneinnahmen einher (vgl. ebd.). In den USA werden sie deshalb teilweise wieder abgeschafft oder aufgeweicht (vgl. Unbekannter Autor 2013b).

Die Strategie, das für den Print-Markt typische Abo-Modell einfach in die digitale Welt zu übertragen, scheint wenig innovativ und nicht an die digitale Welt angepasst – zumal Paywalls nur so lange funktionieren, wie dieselben Inhalte nicht nur einen Klick entfernt kostenlos verfügbar sind. Die Problematik verschiedener Bezahlschranken wurde bereits von anderen Autoren intensiv behandelt (vgl. z.B. Böxler 2012; Kansky 2014). Für die vorliegende Arbeit spielen die Modelle lediglich insofern eine Rolle, als dass sie die Problematik der Branche wiederspiegeln: Diese ist noch zu sehr in der analogen Welt verhaftet und muss sich auf die Bedürfnisse von Nutzern erst einstellen, indem sie lernt, nach welchen Regeln die digitale Welt funktioniert.

Neben der Einführung von Bezahlschranken ist derzeit eine weitere Strategie von Verlagen, journalistische Produkte abzustoßen und sich in anderen Geschäftsbereichen zu engagieren. Die Axel Springer AG verkaufte etwa Mitte 2013 in Deutschland die Traditionstitel Hamburger Abendblatt, Berliner Morgenpost, die Hörzu sowie weitere Fernseh- und Frauenzeitschriften (vgl. Winterbauer 2013). Auch im Auslandsgeschäft, z.B. in Frankreich, zog sie sich aus dem Printmarkt zurück (vgl. Disselhoff 2013). Die Begründung der Geschäftsführung: Man wolle sich mehr auf den digitalen Markt fokussieren. So erweiterte der Konzern seine digitale Palette kurze Zeit später um Größen wie den Nachrichtensender N24 und das Start-up-Portal Gründerszene (vgl. Axel Springer 2013; Axel Springer 2014).

Doch die Suche nach neuen digitalen Erlösmodellen für bestehende Produkte und die Investition in vielversprechendere Geschäftsbereiche reichen nicht aus. Medienunternehmen müssen sich in vielerlei Hinsicht transformieren. Wie stark der Handlungsbedarf ist, zeigen etwa interne Analysen und Strategiepapiere von erfolgreich agierenden Medienunternehmen, die an die Öffentlichkeit gelangt sind.

Die wohl umfassendste Problemanalyse lieferte ein Innovationsreport der New York Times im März 2014. Auf 97 Seiten haben einige digitale Köpfe der Marke auf Grundlage von hunderten Interviews herausgearbeitet, wie weit der Verlag bei der Umstrukturierung und Anpassung an die digitale Welt ist. Das

Ergebnis: Die New York Times – etwa bei ihrer Paywall von vielen aus der Branche als Vorbild gesehen – hat stärkere Probleme, als es nach außen sichtbar war. Dabei geht die New York Times hart mit sich ins Gericht. Bereits in der Einleitung finden die Autoren drastische Worte:

> „The New York Times is winning at journalism. (…) At the same time, we are falling behind in a second critical area: the art and science of getting our journalism to readers. We have always cared about the reach and impact of our work, but we haven't done enough to crack that code in the digital era." (The New York Times 2014: 3)

Die Autoren schreiben, dass andere Nachrichtenportale an der New York Times vorbei ziehen und sogar mit Inhalten der Marke Traffic generieren – etwa Dienste wie Flipboard, mit denen sich Nutzer ihren eigenen Nachrichten- und Social-Media-Mix in Magazinform zusammenstellen lassen können. Auch ausschließlich digitale Angebote wie die Huffington Post oder BuzzFeed werden als direkte Bedrohung genannt. Gleichzeitig seien die stationären und mobilen Nutzerzahlen der Seite gesunken (vgl. ebd.). Auch die Entwicklungen im Smartphone- und Tabletmarkt sowie die Abwanderung von Lesern in Soziale Netzwerke gehörten zu den Veränderungen, auf die die New York Times sich einstellen müsse (vgl. ebd. 4f.). Deshalb müsse die Website verbessert werden und die Distribution in anderen Kanälen, insbesondere in Sozialen Netzwerken, stärker vorangetrieben werden. Zudem brauche die Marke clevere Strategien, um die Leserschaft zu vergrößern. „The urgency is only growing because digital media is getting more crowded, better funded and far more innovative" (ebd.: 3). Positiv hebt der Bericht die Einführung der Paywall hervor, die zu finanzieller Sicherheit geführt habe, sowie den Verkauf des Boston Globe, wodurch sich die Führungsetage stärker auf das Kerngeschäft fokussieren könne (vgl. ebd.: 4).

Der Schwerpunkt der Analyse liegt auf zwei Bereichen: der Gewinnung neuer Leser und einschneidender Veränderungen in den Newsroom-Strukturen. Konkret werden drei Kernpunkte genannt, an denen gearbeitet werden soll – „Discovery", (den Erkenntnissen darüber, wie Nachrichten gebündelt und verbreitet werden), „Promotion" (wie mehr Aufmerksamkeit auf die Produkte gelenkt werden kann) und „Connection" (wie die Beziehung zu Lesern und damit ihre Loyalität gestärkt werden kann) (vgl. ebd.: 6). Als einen der wichtigsten Punkte im Bereich der strukturellen Veränderungen nennen die Autoren eine verstärkte Zusammenarbeit von der Redaktion mit anderen Abteilungen wie dem Leserservice und dem kaufmännischen Bereich. Zudem soll ein Strategieteam die Ausrichtung der Marke, die Konkurrenz und das sich ändernde Leserverhalten beobachten, evaluieren und nötige Anpassungen der Marke initiieren (ebd.: 6). Des Weiteren sollen die Arbeitsabläufe hinterfragt werden, die bislang noch das Printprodukt in den Vordergrund stellen und nur wenig auf die Bedürfnisse anderer Produkte eingehen (vgl. ebd.: 7). Kurzum: Der Content soll derselbe bleiben, Kompetenzen verschiedener Bereiche jedoch gebündelt und auf die Lesergewinnung in neuen Kanälen ausgerichtet werden.

Für die vorliegende Arbeit sind besonders zwei Punkte des Berichts interessant – die Ausführungen zu einer veränderten Präsentation von Inhalten und der Umgang mit **Social Media**. Für beides hält das Strategiepapier Empfehlungen bereit:

Die Präsentation der Inhalte richte sich bei der New York Times noch stark an den Ressorts der Zeitung aus. Hier müsse nutzerorientierter gedacht werden. So könnten etwa Kulturbeiträge anders als üblich nicht nach dem Veröffentlichungsdatum sortiert werden, sondern als „Culture Guide" nach thematischer Relevanz in Kategorien wie Bücher, Museum, Essen und Theater aufbereitet werden. Auch die Kochrezepte-Serie solle online leserfreundlich nach Mahlzeiten, Zutaten, Jahreszeit oder Leserfavoriten sortiert werden können. Durch eine derartige Denkweise könnten auch Geschichten aus dem Archiv wieder mehr Aufmerksamkeit bekommen (vgl. ebd.: 28ff.).

Für eine Wiederverwertung von Artikeln könnte man auch Flipboard-Magazine zu bestimmten Themen erstellen. Die Präsentation der Inhalte müsse so ausgerichtet werden, dass die Artikel für die Leser mehr Relevanz hätten und teilbar seien (vgl. ebd.: 33). Im Bericht werden auch Beispiele genannt, die derartige Ideen umsetzen, allerdings seien das bisher Einzelfälle. Schwierigkeiten deckten die Autoren bei den Personalisierungsfunktionen der Website auf. Die „Recommended for you"-Funktion habe viele Leserbeschwerden zur Folge gehabt (vgl. ebd.: 37). Der Algorithmus müsse überarbeitet werden. Zudem soll der Entwicklung entgegengesteuert werden, dass gerade jüngere Leser den Weg auf die Homepage nicht mehr finden, indem Leser Themen und Autoren folgen können und bei neuen Themen – etwa per Mail – benachrichtigt werden (vgl. ebd.: 38).

Das Ziel, Inhalte besser zu promoten, ist das Ergebnis einer Analyse der Konkurrenz. Diese habe gezeigt, dass diese sich selbst besser vermarkte, so die Autoren. Beim Guardian oder der Huffington Post etwa würde von den Autoren Kompetenz im Umgang mit Social Media verlangt. Bei der New York Times würden Autoren ihre Stücke hingegen größtenteils nicht selbst in Sozialen Medien promoten. Hier müsse der Titel nachlegen, da ein Facebook-**Post** stärkere Wirkung erzeuge als eine gute Schlagzeile (vgl. ebd.: 43). Zudem würden andere Medien wie die Huffington Post durch eine bessere Präsentation von New-York-Times-Inhalten auf ihrer Seite Traffic erzeugen. Das geschah etwa mit einem Artikel zum Tod Nelson Mandelas. Ein Manager der Huffington Post sagte dazu (ebd.: 44): „I was queasy watching the numbers. I'm not proud of this. But this is your competition. You should defend the digital pick-pockets from stealing your stuff with better headlines, better social."

Verbessert werden müsse zudem die Zuständigkeitsverteilung, so der Bericht. Der **Twitter-Account** würde bislang vom Newsroom aus bestückt, der Facebook-Account aus dem kaufmännischen Bereich. Und das Social-Media-Team, das man habe, würde sich eher um die Nutzung der Netzwerke als Reporter-Werkzeug kümmern als um Promotion und Nutzer-Entwicklungen (vgl. ebd.: 45). An der Stelle fordern die Autoren ein Vermarktungs-Team, das die Geschichten plattformabhängig aufbereitet und sie so pusht. Zudem sollen die Autoren geschult werden, wie sie ihre Geschichten selbst promoten (vgl. ebd.: 46).

Umgesetzt hat die Times inzwischen mindestens einen Aspekt des Strategieplans – im Februar 2015 wurde bekannt, dass Chefredakteur Dean Baquet den Schwerpunkt der typischen Seite-1-Konferenzen verlagert hat, um bei den Treffen vorrangig die besten Geschichten für die digitalen Kanäle zu besprechen (vgl. Mullin 2015). Eine Kooperation mit Facebook ist ein weiterer Schritt hin zu mehr digitaler Kompetenz. Das Soziale Netzwerk will vollständige Artikel, sogenannte Instant Articles, in die Newsfeeds der Facebook-Nutzer einbinden anstatt wie bislang lediglich Teaser mit Verlinkungen auf die Nachrichtenwebsites. Dadurch will das Netzwerk einerseits nutzerfreundlicher, andererseits auch attraktiver für Werbekunden werden. An den Erlösen, die durch Werbung in und neben den Artikeln eingespielt werden sollen, sollen die zuliefernden Medienhäuser beteiligt werden.

Auch deutsche Medienunternehmen haben Strategiepapiere entwickelt, von denen Teile an die Öffentlichkeit gelangt sind, darunter die von Spiegel Online und der Nachrichtenagentur dpa.

Spiegel Online etwa strebt eine Optimierung der Arbeitsabläufe und eine bessere Vernetzung verschiedener Abteilungen an. Das Ziel ist es, noch mehr Reichweite und noch mehr Relevanz zu erlangen. Zwar gehen die Spiegel Online-Chefs Barbara Hans und Florian Harms nicht so stark mit ihrem Titel ins Gericht, wie die New York Times mit sich. Sie machen jedoch auch deutlich, dass eine Anpassung an die veränderten Lesergewohnheiten zwingend notwendig ist (vgl. Meier, C. 2014b). Bei der Formatentwicklung soll deshalb insbesondere auf die Bedürfnisse von mobilen Nutzern eingegangen werden. Gemeint sind damit Formate wie „Der Morgen live" oder Video-Kurznews (vgl. ebd.), die das Bedürfnis nach schnellen Informationen befriedigen. Eine mögliche Bedrohung durch Konkurrenten wie BuzzFeed.de, Heftig.co oder Likemag.com wird, anders als bei der Times, nicht direkt diskutiert. Doch die Spiegel-Verlagsgruppe begegnet den Klickdieben, indem sie mit einer Schweizer Seite für positive, virale Inhalte kooperiert – Watson.ch (vgl. ebd.).

Auch in der Präsentation der Inhalte wollen sich die Hamburger verbessern. Die Chefs von Spiegel Online sehen ein enormes Potenzial in Sozialen Medien. Inhalte sollen speziell für diese Kanäle aufbereitet werden, sodass eine virale Verbreitung ermöglicht wird und dadurch Hunderttausende neue Nutzer generiert werden können (vgl. ebd.).

Die Nachrichtenagentur dpa steht vor ganz anderen Herausforderungen. Sie ist ein plattformunabhängiger Nachrichtenzubringer. Das Problem: Zwei Drittel der Kunden sind Tageszeitungen. Doch die fusionieren, melden Insolvenzen an, kurzum – der Kundenkreis schrumpft (vgl. Meier, C. 2014c). Sven Gösmann, Chefredakteur der dpa, hat deshalb erklärt, die Agentur müsse sich „vom Nachrichtenlieferanten zum Journalismus-Dienstleister" wandeln (ebd.). Digitale Kunden und deren Bedürfnisse müssten stärker in den Fokus rücken. Dafür sollten Nachrichten zu einem Thema zu multimedialen Informationspaketen gebündelt werden. Neben Text, Foto, Video und Grafik gehörten dazu auch „Social-Media-Bits" und datenjournalistische Inhalte (vgl. ebd.).

Es zeigt sich: Die Felder, in denen sich die Medienlandschaft weiterentwickeln muss, sind inzwischen aufgedeckt worden. Es geht um die Befriedigung von veränderten Nutzerbedürfnissen und -gewohnheiten. Eine digital ausgerichtete, neue Präsentation der Inhalte ist dafür ebenso notwendig wie neue Formate. Chance und Dilemma zugleich sind Soziale Netzwerke. Sie stehen im direkten Wettbewerb um die Aufmerksamkeit der Nutzer. Eine der aktuellen Herausforderungen ist es daher, Inhalte für die Netzwerke aufzubereiten, um Nutzer dort zu erreichen und für die eigenen Angebote zu gewinnen. Die Suchmaschinenoptimierung ist ein weiteres Feld. Um Nutzer auch in Zukunft erreichen zu können, muss die Abhängigkeit von Tech-Giganten wie Facebook und Google in Kauf genommen werden. Dabei drängt die Zeit, die Medienhäuser müssen sich schnell weiterentwickeln. Denn virale Medien sind den klassischen in der Nutzergewinnung in Sozialen Netzwerken einige Schritte voraus. So können sie zur Bedrohung werden, wie das nachfolgende Kapitel beschreibt.

2.3 Etablierung neuer Online-Medien

Der Wettbewerb im Netz ist für Medienunternehmen groß. Sie konkurrieren mit zahlreichen Angeboten: Sozialen Medien, Blogs, Suchmaschinen, Unternehmenswebseiten und Browser-Spielen. Die Zahl der direkten Konkurrenten, die ähnliche Informationsbedürfnisse befriedigen, steigt dabei rasant. Video-ondemand-Dienste wie Maxdome, Watchever, Amazon Instant Video, Snap, iTunes und Netflix ersetzen zunehmend das klassische Fernsehen. Zwar versuchen Medienunternehmen, dem Wandel durch eigene digitale Angebote zu begegnen (immerhin gehört Maxdome der ProSiebenSat1-Gruppe und Snap ist ein Angebot von Sky), jedoch fehlen oft die nötigen Ideen, um mit den rein digitalen Playern in Bezug auf das Angebot, die Nutzerfreundlichkeit und Profitabilität mithalten zu können. Auch im Bereich der Nachrichtenwebsites gibt es Mitstreiter. **Nachrichten-Aggregatoren** wie Google News oder **Feedreader** befriedigen mit der personalisierten Zusammenstellung fremder Inhalte die Bedürfnisse vieler Nutzer.

Mit dieser Art der Fremdnutzung ihrer Inhalte sind Medienhäuser schon lange konfrontiert. Sie versuchten über das Leistungsschutzrecht, das am 1. August 2013 in Deutschland in Kraft trat, Gebühren von Zweitverwertern für das Zeigen ihrer Artikelanrisse und Vorschaubilder zu verlangen. Dadurch wollten sie Google unter Druck setzen. Doch nachdem der Suchmaschinengigant nicht zahlen und stattdessen die Inhalte der betroffenen Medien nicht mehr anzeigen wollte, ruderten die Verlage zurück. Sie genehmigten zumindest Google die Nutzung, da sie durch die Suchmaschine einen Großteil des Traffics für ihre Websites generieren. Das Gesetz, das von den Verlagen, allen voran Axel Springer, initiiert wurde, hätte sie sonst zu hart getroffen (vgl. Boie 2014).

Doch während die Verlage Google lange Zeit als Hauptbedrohung sahen – immerhin erzielt das Unternehmen hohe Erlöse durch Werbung und wildert damit in einem Geschäftsfeld der Verlage – etablierte sich eine neue Konkurrenz. Sogenannte Click-Bait-Angebote bauen ebenfalls größtenteils auf dem Geschäftsmodell des **Aggregierens** und **Kuratierens** auf, also auf der Zusammenstellung und der Aufbereitung fremder Inhalte. Die Idee für derartige Websites entstand in Amerika. Dort etablierten sich Click-Bait-Angebote wie BuzzFeed, Upworthy oder die Huffington Post. Sie greifen verstärkt die traditionell journalistischen Angebote an, indem sie unterhaltende und auch informative Inhalte reißerisch aufbereiten, sodass diese ideal für die massenhafte Verbreitung in Sozialen Netzwerken geeignet sind (vgl. Schmidt 2014a). Dabei bedienen sie sich vorwiegend der von Nutzern ins Netz gestellten Inhalte oder Redakteure schreiben Nachrichten von etablierten Nachrichtenseiten um, lediglich ein geringer Teil wird auch selbst produziert. Der Journalist Jakob Schulz nannte die Bewegung in einem Artikel für Journalist Online „neuen Boulevard" (vgl. 2014). Denn die Plattformen kommen ohne Promi-Geschichten aus und konzentrieren sich zu großen Teilen auf emotionale Inhalte. Es sind rein digitale Player, die zwar teils nach journalistischen Grundsätzen arbeiten, sich jedoch vor allem auf die Generierung von Reichweite spezialisiert haben.

Wie stark die Click-Bait-Angebote bereits sind, zeigt auch der Innovationsbericht der New York Times. Dort schreiben die Autoren, die Huffington Post habe die New York Times bereits vor Jahren überholt, BuzzFeed im Jahr 2013 und auch andere Mitbewerber würden schneller wachsen (The New York Times

2014: 5). Die Veränderung der Medienlandschaft im Netz – weg von klassischen Nachrichtenportalen hin zu Sozialen Netzwerken und Click-Bait-Angeboten – zeigt sich auch im Ranking amerikanischer Websites. Im März 2015 war die Huffington Post das einzige Nachrichtenportal unter den Top 50 und belegte Platz 42. Doch diese Position konnte es nicht halten. In der Auswertung des Monats Mai war kein Nachrichtenportal mehr unter den Top 50 zu finden. Die Huffington Post rutschte auf Platz 105 ab. Die New York Times, die im März Platz 52 belegte, verschlechtert sich innerhalb der zwei Monate bis auf Platz 85. Platz eins bis drei belegen unangefochten Google, Facebook und YouTube. Die stärksten Kategorien unter den Top 50 sind Soziale Medien, Suchmaschinen, Internet-E-Mail-Dienste und Shopping-Möglichkeiten.

Dass Click-Bait-Angebote auch in Deutschland den traditionellen Medien gefährlich werden können, zeigte sich spätestens im Mai 2014. Drei deutschsprachige Websites starteten in den Sozialen Medien durch (vgl. Schröder 2014b): Heftig.co, Likemag.com und Storyfilter.com. Der Blog 10.000 Flies, der die am häufigsten geklickten Geschichten deutschsprachiger Medien in Sozialen Netzwerken auswertet, sprach von der „neuen Macht im Social Web" (ebd.). Der Grund: Die Seite Heftig.co verzeichnete im März – wenige Wochen nach dem Start im Februar – mehr Besucher als namhafte Medien wie Handelsblatt.com oder rp-online.de. Ein halbes Jahr später, im September, schätzte die Seite SimilarWeb die Desktop-Besucherzahlen von Heftig.co auf 5,9 Millionen **Visits**, die von Handelsblatt.com und rp-online.de jeweils auf nur 4,2 Millionen. Inzwischen sind die Nutzerzahlen von Heftig.co leicht gesunken, im Mai 2015 lag das Portal bei 5,4 Millionen. Auch rp-online (3,9 Millionen) verlor, während Handelsblatt.com (5,6 Millionen) zulegte. Doch die Beliebtheit von Angeboten lässt sich im digitalen Zeitalter nicht nur anhand von Visits messen, sondern auch durch **Klicks, Shares** und Likes. Auch in diesen Währungen punktet Heftig.co gegenüber klassischen Angeboten, das zeigt das bereits erwähnte Angebot 10.000 Flies. Der Journalist und Daten-Spezialist Jens Schröder, der die Website gemeinsam mit der Agentur active value gegründet hat, beschreibt die Auswirkungen der Click-Bait-Angebote im Mai 2014 wie folgt: „Das, was in den vergangenen Wochen bei 10.000 Flies zu beobachten war, gab es in der Geschichte unseres Dienstes – ja in der Geschichte der Sozialen Netzwerke – noch nie. Eine neue Art von Medien übernimmt die Macht, generiert mit ihren Artikel(che)n Zigtausende Likes und Shares" (2014).

So verdrängten Heftig, LikeMag und Storyfilter im Like-Medien-Ranking der meistgeklickten und -geteilten Artikel Medien wie Bild und Spiegel im April 2014 von den vorderen Plätzen. Unter den Top Zehn waren allein neun Artikel, die auf den drei zuvor genannten Portalen veröffentlicht worden waren (vgl. ebd.). In den Sozialen Netzwerken haben diese neuen Medien die Überhand gewonnen, besonders Heftig.co hat in Deutschland viele Leser. Seit Mai 2014 kämpft das Portal mit Bild.de um Platz eins und verbannt Spiegel Online zumeist auf den dritten Platz. Auch die Anzahl der Facebook-**Fans** gibt Aufschluss darüber, wie stark Heftig.co derzeit ist: Während Spiegel Online bei Facebook nur 880.006 Fans hat, hat Heftig.co 1.751.712. Bild.de kann als etabliertes Boulevardmedium mithalten – der Titel ist mit 1.759.825 Fans gut aufgestellt (Stand Juli 2015).

Einen Überblick über die Anzahl der Click-Bait-Angebote zu bekommen, ist schwierig. Einerseits werden immer wieder neue Seiten gelauncht, andererseits verschmelzen journalistisch-investigative und boulevardeske Angebote. Das zeigt sich beispielsweise an BuzzFeed. Das Portal ist mit reichweitenstarken Klickinhalten gestartet und bedient inzwischen auch Politik- und Wirtschaftsthemen (vgl. Meusers 2013). Auch die Huffington Post, die sich mit dem Aufbereiten seitenfremder Inhalte und Beiträgen von Bloggern einen Namen gemacht hat, investiert in investigativen Journalismus (vgl. Müller/Schmitz 2013).

Eine weitere Schwierigkeit: Bislang gibt es keine Definition für Click-Bait-Angebote. Für die vorliegende Arbeit wurde deshalb ein erster Definitionsversuch unternommen: Click-Bait-Angebote, auch virale Medien genannt, sind neue Boulevardmedien, die sich dadurch auszeichnen, dass sie Inhalte mit reißerischen Schlagzeilen für Soziale Netzwerke wie Facebook optimieren, mit dem Ziel, eine virale Verbreitung zu erreichen und dadurch möglichst hohe Reichweiten zu erlangen. Inhaltlich liegen die Schwerpunkte auf emotionalen und kuriosbunten Themen, die im Idealfall keinen Aktualitätsbezug haben. Dabei werden die Inhalte nicht nur selbst produziert, sondern sind größtenteils kuratiert oder aggregiert. Das heißt, entweder wurde User-Generated-Content so aufbereitet, dass er für eine breite Masse interessant ist, oder Inhalte anderer Nachrichtenportale wurden zusammengefasst oder umgeschrieben, sodass sie auf dem eigenen Portal hohe Klickraten erreichen.

Nachfolgend soll ein Überblick über die wichtigsten Click-Bait-Angebote in Amerika und im deutschsprachigen Raum gegeben werden, bevor ein Fokus auf das Portal Heftig.co gelegt wird. Wegen seiner Bedeutung für den deutschen Markt soll es als Beispiel genauer betrachtet werden. Die Besucherzahlen und Traffic-Analysen, die im Folgenden genannt werden, beziehen sich auf Mai 2015 und wurden von SimilarWeb erhoben.

USA

- Huffingtonpost.com: Die Seite ist mit 278,5 Million Visits die meistgelesene News-Website in Amerika (vgl. The New York Times 2014: 5). Sie ist gleichzeitig beliebt und umstritten. Denn das Konzept sieht vor, dass die Autoren Inhalte bei anderen Nachrichtenseiten abschreiben, kürzen oder zusammenfassen und sie mit Reichweite bringenden Schlagzeilen versehen. In einigen Fällen verlinken die Autoren darunter auch direkt zum Originaltext. Zudem speist sich die Seite aus Kolumnen von unbezahlten Gastbloggern. Gespickt wird der Nachrichtenmix mit Klatsch und Tratsch sowie investigativen Geschichten namhafter Reporter (vgl. Reißmann 2011). Springer-Chef Mathias Döpfner bezeichnete die Huffington Post als „das Anti-Geschäftsmodell für Journalismus", da das Angebot mit Urheberrechten nicht vereinbar sei (vgl. Wohlert 2013). Gegründet 2005, hat die Huffington Post früh Soziale Medien auf ihrer Plattform eingebunden und war Vorreiter in der Optimierung von Inhalten für Suchmaschinen und Soziale Netzwerke (vgl. Reißmann 2011). Ihren Desktop-Traffic bezieht die Seite zu 34,16 Prozent von Suchmaschinen, zu 30,30 Prozent durch Ansurfen der Seite, zu 26,09 Prozent aus Sozialen Medien und zu 8,37 durch Verlinkungen.

- BuzzFeed.com: Rund 130 Millionen Nutzer besuchten die Plattform BuzzFeed.com mit dem Slogan „News, Buzz, Life" im Mai 2015. Der Gründer der Seite, Jonah Peretti, war bereits 2005 an der Gründung der Huffington Post beteiligt. Nur ein halbes Jahr später startete er eine Seite, auf der er Internettrends publizierte, circa vier am Tag. Inzwischen hat sich BuzzFeed weiterentwickelt, mehr als 400 Artikel erscheinen dort täglich. „Wir sehen unsere Chance darin, uns auf Unterhaltung und Social News für jüngere Menschen zu konzentrieren. Also für Menschen, die Inhalte nicht mehr nur konsumieren, sondern sich über sie mit Freunden vernetzen", beschreibt BuzzFeed-Vize Scott Lamb die Ausrichtung der Plattform (Schulz 2014). Die Artikel bestehen aus leicht konsumierbaren Geschichten, etwa über Tiere. Zudem ist die Seite bekannt für Artikel in Listenform, **Listicles** genannt. Inzwischen hat BuzzFeed zudem ein internationales Korrespondentennetzwerk und ein Investigativteam aufgebaut und berichtet aktuell – auch zu politischen und wirtschaftlichen Themen (vgl. Wirminghaus 2014). Peretti hat den Anspruch, guten Journalismus zu machen, der Korruption und Fehlverhalten aufdeckt. Die Abhängigkeit von Facebook sieht er als symbiotische Beziehung: Publisher und Soziale Plattformen hätten ähnliche Interessen, auch wenn es zwischenzeitlich mal ruckeln könnte. 49,41 Prozent Desktop-Traffic erhält BuzzFeed aus Sozialen Netzwerken, 29,62 Prozent durch direkte Seitenzugriffe, 11,39 Prozent durch Suchmaschinen und 9,11 Prozent durch Verlinkungen.

- Viralnova.com: Die Seite wurde im Mai 2013 von Scott DeLong gegründet und wurde mit einem Click-Baiting-Konzept, das auf Facebook aufbaut, erfolgreich (vgl. Gillete 2014). 5,3 Millionen Besucher hatte die Seite im Mai

2015. Nach Angaben des Portals wurde es gegründet, „to fill society's need for a positive, interesting spin on the world around us" (Viralnova 2014). Viralnova hat den Anspruch, Geschichten zu erzählen, die relevant sind und an die sich die Menschen erinnern – egal, ob sie aus Unterhaltung oder Nachrichten bestehen (vgl. ebd.). 53,18 Prozent der Nutzer kommen über Soziale Netzwerke auf die Seite, 18,44 Prozent surfen sie direkt an, 10,76 Prozent kommen über Display-Ads (geschaltete Online-Anzeigen), 8,85 Prozent über Suchmaschinen und 8,66 Prozent über Verlinkungen.

- Weitere Portale, die als viralen Medien bewertet werden können sind Distractify.com (19,2 Millionen Visits) und Upworthy.com (11,2 Millionen Visits). Die Portale filtern **Trending Stories** aus dem Netz, also Inhalte die häufig geliked und geteilt werden und über die gesprochen wird. Ergänzt werden sie mit Themen, die die Macher für wichtig erachten. Daneben gibt es Portale, die sich auf Fotos spezialisieren, wie Imgur.com (232 Millionen Visits) und Boredpanda.com (16,9 Millionen Visits).

Schweiz

- Likemag.com: Das Portal ist ein Onlineableger des Magazins LikeMag. Es hat den Anspruch, Popkultur zu sein – „witzig und haarsträubend, clever und sexy, bissig und informativ" (Likemag 2014). Mit 3 Millionen Visits im Mai 2015 kommt das Portal zwar nicht an den Traffic der US-amerikanischen Vorbilder heran, wird dafür aber auch außerhalb der Schweiz, etwa von Deutschland aus, genutzt.
- Weitere Angebote: Watson.ch: Kooperationspartner von Spiegel Online mit 1,7 Millionen Visits im März – und 710.000 im Mai 2015, Storyfilter.com: ein Dienst, der per Mail oder durch Soziale Netzwerke eine tägliche Auswahl an „packenden Geschichten" präsentiert (Storyfilter 2014). Die Seite hat im März rund 170.000 Visits, im Mai 30.000, Blickamabend.ch: Online-Ableger der gleichnamigen Print-Zeitung von Ringier mit 580.000 Visits im März und 500.000 im Mai 2015. Der Slogan: „News, die wirklich unterhalten". Die Seite bietet laut dem Eigenverständnis einen „stetigen Strom an unwiderstehlichen Inhalten", die Nutzer gern teilen (2013).

Deutschland

- Heftig.co ist mit 5,4 Millionen Desktop-Visits das beliebteste virale Medium. Der Slogan lautet: „Dinge, die dir wichtig sind. Erzähl' sie weiter." Das

Portal sammelt Geschichten „die nachdenklich machen und aufzeigen, dass man selbst nicht der Nabel der Welt ist" (Heftig.co 2014). Es gebe viele Dinge um einen herum, die tragisch und traurig seien, diese solle man wahrnehmen, „um Hilfe zu geben und Anteilnahme zu haben" (ebd.). Die Seite enthält die Ressorts „Unterhaltung", „Tiere & Natur", „Leben" und „Video". Dabei ist sie ideal mit Sozialen Netzwerken verknüpft. Bei Facebook hat Heftig.co 1,7 Millionen Freunde. Fast der gesamte Traffic (83,14 Prozent) kommt aus Sozialen Netzwerken, insbesondere Facebook. Nur wenige Nutzer surfen die Seite direkt an (14,75 Prozent), aus anderen Quellen sind die zugeführten Visits verschwindend gering. Am stärksten wird die Seite aus Deutschland genutzt (80,02 Prozent), gefolgt von Österreich (10,58 Prozent) und der Schweiz (4,49 Prozent).

- Huffington Post: Bereits seit fast zwei Jahren gibt es eine deutsche Ausgabe der Huffington Post. Im Oktober 2013 startete sie mit einem Großaufgebot von Bloggern. Ziel ist es laut Chefredakteur Sebastian Matthes, die Perspektiven der jüngeren Generation in den Mittelpunkt zu stellen. Deshalb lädt die Huffington Post auch ganz unterschiedliche Menschen zu Gastbeiträgen ein (vgl. Stöcker 2014a). Kontrovers diskutiert wurde, dass diese Beiträge nicht honoriert werden. Im März erreichte der Auftritt 6,7 Millionen Visits (im Mai nur noch 3,6 Millionen). Dabei stützt sich die Plattform stark auf Nutzer, die entweder über Soziale Netzwerke kommen (33,70 Prozent) oder die Seite direkt ansurfen (25,66 Prozent). Weitere Visits kommen durch Verlinkungen (16,08 Prozent), Suchmaschinen (11,51 Prozent) und Display-Ads (12,66 Prozent). Das Portal liefert neben reichweitenstarken Klickinhalten auch tagesaktuelle Nachrichten. Dafür nutzt es die Ressorts „Politik", „Wirtschaft", „Good", „Entertainment", „Lifestyle", „Tech", „Sport", „Blogs" und „Video".

- BuzzFeed.de: Das amerikanische Portal hat seit dem 15. Oktober 2014 auch einen deutschen Ableger. Die Seite bietet deutsche und englischsprachige Artikel an und ist bekannt für Listicles, skurrile Geschichten und Quiz. Dabei legt es den Fokus auf nichtaktuelle Geschichten. Wo die englischsprachige Website noch Ressorts vorgibt („News", „Buzz", „Life", „Entertainment", „Quizzes", „Videos", „More"), bietet die deutschsprachige Website den **Content** nur gefiltert nach Emotionen an. So kann der Nutzer zwischen „lol", „genial", „omg", „süß", „fail", „wtf" und meistgelesenen Artikeln wählen. Die Abkürzungen stehen für Emotionen von Heiterkeit über Bewunderung bis hin zu Erstaunen. Die Seite wird von Berlin aus von vier Menschen bestückt (vgl. Grasshoff 2014). Angaben zur Reichweite gibt es aufgrund zu geringer Datenmengen nicht, einsehbar ist lediglich eine Zahl: Im Juli hatte die deutsche BuzzFeed-Variante 19.648 Facebook-Fans.

- Heftig.de: Seit dem 21. April 2014 gibt es neben der Seite Heftig.co die Seite Heftig.de. Wer die Domain betreibt, ist nicht bekannt. Im Impressum wird eine nicht existierende Adresse genannt. Es liegt nahe, dass die unbekannten Macher den Erfolg von Heftig.co für sich nutzen wollten und durch die Endung irregeleitete Nutzer einfangen. Das Konzept scheint zunächst aufgegangen zu sein. Im Juni 2013 erreichte die Seite 890.000 Visits. Inzwischen sind die Besucherzahlen mit 130.000 im März und 40.000 im Mai 2015 stark rückläufig. Rund 50,56 Prozent der Besucher kommen dabei aus Sozialen Netzwerken, 40,14 surfen die Seite direkt an. Heftig.de möchte seinem Facebook-Profil zufolge Beiträge teilen, die „bewegen, unterhalten und inspirieren". Passend dazu hat das Portal die Ressorts „Unterhaltung", „aus dem Leben", „Tiere & Natur", „Reise & Kultur", „Gesellschaft & Soziales", „Fotografie & Kunst", „Haus & Garten" und „Tipps & Tricks".

Virale Medien greifen als sogenannte Klickdiebe die klassischen Medien an. Einerseits nutzen sie – bisher insbesondere in den USA – teilweise deren Inhalte und bereiten sie lediglich neu auf, andererseits locken sie Nutzer mit emotionalen Geschichten auf ihre Seiten. Diese stehen etwa in direkter Konkurrenz mit dem „Panorama" oder dem „Vermischtes"-Ressort klassischer Medien. Bei der Arbeitsweise viraler Medien ist jedoch offen, ob das, was sie machen, Journalismus ist. Diese Frage wird kontrovers diskutiert und kann nicht eindeutig beantwortet werden, da das Berufsbild des Journalisten hierzulande nicht gesetzlich geschützt ist. Nach der Definition des Deutschen Journalisten-Verbands (DJV) ist ein Journalist, wer hauptberuflich

> „an der Erarbeitung bzw. Verbreitung von Informationen, Meinungen und Unterhaltung durch Medien mittels Wort, Bild, Ton oder Kombination dieser Darstellungsmittel beteiligt ist, und zwar vornehmlich durch Recherchieren (Sammeln und Prüfen) sowie durch Auswählen und Bearbeiten der Informationsinhalte, durch deren eigenschöpferische medienspezifische Aufbereitung (Berichterstattung und Kommentierung), Gestaltung und Vermittlung oder durch disponierende Tätigkeiten im Bereich von Organisation, Technik und Personal". (DJV 2009)

Nach dieser Definition kann auch das Recherchieren, Auswählen, Gewichten, Aufbereiten und Verbreiten von Themen, wie virale Medien es machen, dem Journalismus zugeschrieben werden. Im Kontext viraler Medien werden diese Tätigkeiten als Aggregieren und Kuratieren bezeichnet (vgl. z.B. Müller/Schmitz 2013; Steinkirchner 2014).

Die Macher von Heftig.co, Michael Glöß und Peter Schilling, sehen ihre Seite jedoch nicht als Journalismus an, da sie keine Politik- und Wirtschaftsberichterstattung oder Geschichten über Prominente veröffentlichen. Die beiden Gründer wehren sich gegen jegliche Vorwürfe, Inhalte zu klauen oder ein Klon amerikanischer Click-Bait-Sites zu sein. Sie würden andere Plattformen analysieren und die vorliegenden Konzepte so kombinieren, dass sie auf dem deutschen Markt funktionierten (vgl. Kroker/Steinkirchner 2014). Das sei ihr „eigener, originärer und innovativer Ansatz", sagten sie gegenüber der Wirtschaftswoche (ebd.). Bei den Inhalten gehe um pure Emotion und Empathie (vgl. ebd.). In einem anderen Interview sagte Glöß, er und sein Geschäftspartner wollten erreichen, dass jeder Artikel den Leser mit einem guten Gefühl entlasse. Andere Medien würden „sehr bedrückend über die Welt" berichten (Meier, C. 2014a).

Im Vergleich mit klassischen Medien sehen die Unternehmer ihre Inhalte als größten Trumpf. Sie würden damit „direkt in die laufende Konversation" der Nutzer eingreifen. „So weit konnten bislang weder klassische Medien noch Werber vorstoßen" (Kroker/Steinkirchner 2014).

Doch trotz des Erfolgs der Seite gibt es ein Problem: das Urheberrecht. Da fremde Inhalte in Deutschland nicht einfach ungefragt verwendet und verbreitet werden dürfen, sind Angebote wie Heftig.co nicht legal (vgl. Schulz 2014). Die Gründer haben die Seite deshalb zunächst in Kolumbien angelegt (daher die Endung .co) und im Impressum eine falsche Adresse angegeben, sodass sie lange Zeit unerkannt operieren konnten. Zu den deutschen Urheberrechten haben sie eine eher lockere Haltung. In einer Mitteilung an einen kritischen Journalisten schrieben sie:

> „Jeder User, der viralen Content herstellt und in den Verkehr bringt, beabsichtigt diese unkontrollierbare Wirkung, weil er die Aufmerksamkeit maximieren will. Er wacht nicht eifersüchtig über seinen Content, sondern genießt im Gegenteil diesen Kontrollverlust und sucht gezielt das Spiel mit Bedeutungen und Bedeutungsverschiebungen." (Wienand 2014)

Da es sich um Inhalte von Nutzern handele, würden für Hefig.co keine journalistischen Regeln gelten. Allerdings sind auch Beispiele bekannt, wo Heftig.co etwa Fotos von einem Fotografen publizierte, die dieser an eine Zeitung verkauft hatte. Sie wurden nach seiner Beschwerde gelöscht (vgl. Wienand 2014).

Für die vorliegende Arbeit ist das Urheberrechtsproblem lediglich am Rande relevant. Wichtig ist zunächst nur, dass die viralen Medien Geld verdienen. BuzzFeed in Amerika berichtete erstmals im August 2013 von einem Gewinn. Schätzungen des Online-Marketing-Experten Philipp Westermeyer zufolge verdienen auch andere virale Medien – Viralnova etwa 400.000 Dollar im Monat, Heftig.co könnte auf 10.000 bis 20.000 Euro kommen (vgl. Schulz 2014). Einnahmequellen sind Display-Werbung und native Advertising bzw. Social-Content-Advertising. Die Werbeformen bezeichnen Beiträge, die den Anschein von redaktionellen Artikeln haben, jedoch gesponsert sind.

3 Soziale Netzwerke als Distributionskanäle

3.1 Begriffserklärungen: Soziale Medien und Netzwerke

Der Begriff „Soziale Medien" bzw. „Social Media" ist längst in der Alltagssprache angekommen. Gemeinhin wird darunter die „Gesamtheit der digitalen Technologien und Medien wie Weblogs, Wikis, Soziale Netzwerke u.Ä., über die Nutzerinnen und Nutzer miteinander kommunizieren und Inhalte austauschen können" verstanden (Duden 2015). Diese Definition des Dudens zeigt bereits, dass verschiedene Phänomene unter dem Begriff zusammengefasst werden. Betrachtet man ihn von einer technologischen Seite, so sind Social Media digitale Medien, „die auf digitalen Kommunikationstechniken basieren und mit denen Unternehmen und Personen miteinander in Kontakt treten und kommunizieren" (IT Wissen 2015a). Folgende Angebote umfasst der Begriff Social Media: Soziale Netzwerke, Blogs, Foren und Communities. Streng genommen gehören auch Kurznachrichtendienste oder Instant-Messaging-Programme dazu. Wichtig für die Begriffsbestimmung ist, dass die Anwendungen Interaktion und gedanklichen Austausch ermöglichen (vgl. ebd.). Eine umfassende Definition, die die Auswirkungen von Social Media auf die Medienbranche mit berücksichtigt, hat der Bundesverband Digitale Wirtschaft (BVDW) formuliert:

> „Social Media sind eine Vielfalt digitaler Medien und Technologien, die es Nutzern ermöglichen, sich untereinander auszutauschen und mediale Inhalte einzeln oder in Gemeinschaft zu gestalten. Die Interaktion umfasst den gegenseitigen Austausch von Informationen, Meinungen, Eindrücken und Erfahrungen sowie das Mitwirken an der Erstellung von Inhalten. Die Nutzer nehmen durch Kommentare, Bewertungen und Empfehlungen aktiv auf die Inhalte Bezug und bauen auf diese Weise eine soziale Beziehung untereinander auf. Die Grenze zwischen Produzent und Konsument verschwimmt. Diese Faktoren unterscheiden Social Media von den traditionellen Massenmedien. Als Kommunikationsmittel setzt Social Media einzeln oder in Kombination auf Text, Bild, Audio oder Video und kann plattformunabhängig stattfinden." (BVDW 2009: 5)

Oftmals werden die Begriffe Social Media und **Social Networks** als Synonyme gebraucht. In der vorliegenden Arbeit wird jedoch zwischen den beiden Begriffen unterschieden. „Soziale Medien" bzw. „Social Media" sind die Gesamtheit von Medien und Technologien, die auf digitalen Kommunikationstechniken basieren und die Interaktion und den sozialen Austausch fördern (vgl. IT Wissen

2014a). „Soziale Netzwerke" bzw. „Social Networks" sind ein Teilbereich von Social Media, nämlich Community-Plattformen, die hauptsächlich der Kontaktpflege dienen. Sie verbinden Menschen miteinander und ermöglichen es ihnen, persönliche Daten auszutauschen, Beziehungen aufzubauen und zu vertiefen (vgl. IT Wissen 2015b).

3.2 Geschichte und Funktionsweise Sozialer Netzwerke

Die Zahl Sozialer Netzwerke wächst stetig. In Medien und Blogs lassen sich fast täglich Beiträge finden, die ein noch unbekanntes Netzwerk als den nächsten großen Trend anpreisen. Doch diese Trends können sehr schnelllebig sein. Was heute „in" ist, kann morgen schon wieder „out" sein. Diese Dynamik des Marktes zeigt auch ein Blick in die Geschichte von Social Media.

Bereits die Inbetriebnahme des Internet-Vorläufers Arpanet legte 1969 die Grundlage für das digitale Kommunizieren. Denn zur selben Zeit wurde der Online-Dienst CompuServe gegründet, der den Weg für neue Kommunikationswege wie E-Mails und Chatprogramme ermöglichte. In Deutschland bekannt war etwa das Chatprogramm ICQ, das 1996 auf den Markt kam. Die ersten Sozialen Netzwerke hießen Friendster (2002), StayFriends (2002) und MySpace (2003), im amerikanischen Raum gründete sich das Business-Network LinkedIn (2002). Etwa zur selben Zeit entstanden offene Blog-Plattformen wie wordpress.com und der Internet-Telefonie-Anbieter Skype.

2005 mischte das Soziale Netzwerk Facebook die Internetlandschaft auf und verdrängte Friendster und MySpace in die Bedeutungslosigkeit, werkenntwen (2006) wurde 2014 sogar offline genommen. Trotz Facebooks schneller Dominanz auf dem Markt folgte eine Reihe von Netzwerkgründungen. Für Medienunternehmen interessant sind die Video-Plattform YouTube (2005), der Kurznachrichtendienst Twitter (2006), die digitale Pinnwand Pinterest (2010) , der Foto- und Video-Sharing-Dienst Instagram (2010) und das Freundesnetzwerk Google+ (2011), wobei letzteres bereits an Einfluss verloren hat (vgl. Bennett 2013; Kroker 2013).

In Deutschland ist Facebook das am weitesten verbreitete Netzwerk und hat sich schleichend als Gattungsbegriff für Soziale Netzwerke etabliert (vgl. Hofmeister 2011: 6). Nach Analysen von comScore haben im Januar 2014 rund 34,0 Millionen Menschen von Deutschland aus Facebook benutzt. Damit könnte es mehr Nutzer haben, als alle anderen Netzwerke in Deutschland zusammen. Das Business-Netzwerk Xing liegt mit 5,5 Millionen weit hinter Facebook auf Platz zwei des Rankings. Den dritten Platz belegt der Kurznachrichtendienst Twitter (3,6 Millionen), es folgen das amerikanische Business-Netzwerk LinkedIn (3,5

Millionen) und die Blogging-Plattform Tumblr (3,4 Millionen) (vgl. Brandt 2014).

Die Netzwerke werden in Deutschland auch als Medium verwendet, wie der Reuters-Bericht aus dem Jahr 2014 zum Thema digitale Nachrichten zeigt. Facebook nutzten 26 Prozent der Befragten wöchentlich, um nachrichtliche Inhalte zu konsumieren, YouTube kommt auf elf Prozent, Google+ auf sechs Prozent, ebenso wie WhatsApp. Twitter und Xing surfen lediglich jeweils drei Prozent zu dem Zweck an (vgl. Newman/Levi 2014: 25). Charakteristisch für den deutschen Markt sei jedoch, so merkt der Bericht an, dass die Deutschen weniger interessiert an Nachrichten in Sozialen Netzwerken seien, als die Bevölkerung in anderen Ländern. Zudem erhalte Twitter im Verhältnis zu den anderen Netzwerken trotz der geringen Nutzung eine hohe Aufmerksamkeit in der Öffentlichkeit, von politischen Parteien und Werbeagenturen. „Because those tweeting are particularly communicative and their contributions get attention from other news media, their resonance in the public arena is very high" (ebd.).

Facebook jedoch dominiert – nicht nur den Markt in Deutschland. Mark Zuckerbergs Netzwerk ist auch weltweit erfolgreich. Es ist in 70 Sprachen verfügbar und zählte Ende 2013 rund 1,2 Milliarden Nutzer – umgerechnet hat jeder siebte Mensch auf der Erde dort ein Profil (vgl. Kreutzer 2014: 408). Wegen seiner Beliebtheit in der Bevölkerung spielt Facebook auch für deutsche Unternehmen eine wichtige Rolle. Einerseits sammelt das Netzwerk Informationen von Nutzern, sodass Werbung und auch Nachrichten zielgruppengenau platziert werden können, andererseits ist für Medienunternehmen auch die Funktion des Netzwerks als Kommunikationsplattform interessant.

Dass Soziale Netzwerke Medienunternehmen helfen können, Nutzer auf ihre Websites zu locken, wurde bereits in den vorherigen Kapiteln beschrieben. Nach Aufschlüsselungen von SimilarWeb kommt der Großteil dieser Leserschaft von Facebook – was aufgrund der Mitgliederzahlen nicht verwundert. Daher soll auf das Netzwerk im weiteren Verlauf der Arbeit ein Fokus gelegt werden.

Facebook wurde 2004 an der Harvard Universität gegründet, um Studenten die Orientierung auf dem Campus und das Kennenlernen der Kommilitonen zu erleichtern. Nach und nach wurde es für andere Universitäten, High Schools, die ganzen USA und 2008 auch Deutschland geöffnet (vgl. Simons 2011: 42).

Grundlegend sind alle Netzwerke ähnlich aufgebaut. Will ein Nutzer Mitglied werden, muss er sich ein Profil erstellen. Darauf kann er vermerken, wer er ist, was er macht, was er für Interessen hat und zum Beispiel mit wem er Kontakte sucht. Normalerweise kann die Profilseite mit Links zu externen Blogs oder mit Fotos und Videos angereichert werden. Facebook fragt persönliche Fakten wie Schule und Arbeitgeber ab sowie private Vorlieben – welche Musik, Filme, Bücher oder welchen Sport man mag. Auch sammelt das Netzwerk auf den Profilseiten die „Gefällt mir"-Angaben der Nutzer. Diese Angaben stammen von dem „Gefällt mir"-Button, einem von vielen **Plug-ins**, die das Netzwerk prägen. Er steht unter Beiträgen, die Nutzer veröffentlicht haben, Posts genannt. Mit der Markierung kann ein Nutzer eine positive Haltung zu einem Beitrag ausdrücken. Je nach seinen Privatsphäre-Einstellungen wird das allen Mitgliedern, allen seinen Freunden oder einer bestimmten Auswahl seiner Freunde angezeigt (vgl. Kreutzer 2014: 409).

Facebook nennt das Profil Chronik. Dort werden die veröffentlichten Beiträge chronologisch sortiert angezeigt. Das können Statusmeldungen, z.B. öffentliche Nachrichten an Freunde, sein oder hochgeladene Fotos vom letzten Urlaub. Auch Unternehmen können Profile einrichten. Diese Seiten sehen etwas anders aus als die von Privatpersonen. Nutzer können nicht mit Unternehmen befreundet sein, sondern können das Unternehmen durch den „Gefällt mir"-Button auf der Seite zur eigenen Interessensliste hinzufügen und Benachrichtigungen erhalten. Zudem gibt es einen Button, mit dem Neuigkeiten, die auf der Seite erscheinen, abonniert werden können, sodass sie im **Newsfeed** der Person auftauchen. Während die „Gefällt mir"-Klicks einer Person öffentlich einsehbar sind, verknüpft sich ein Nutzer durch den „Abonnieren"-Button nur insofern, dass ihm Neuigkeiten angezeigt werden. Er kann selbst einstellen, wer seine Abonnenten-Liste einsehen darf. Dadurch bleiben mehr Rechte beim Nutzer.

Der Newsfeed bildet die Hauptoberfläche des Netzwerks. Meldet sich ein Mitglied bei Facebook an, bekommt es angezeigt, was in der Zeit seit seinem letzten Log-in passiert ist, das heißt, er sieht Posts von seinen Freunden und Nachrichten von den von ihm abonnierten Unternehmen. Mit Freunden vernetzen sich Nutzer, indem sie über eine Maske nach ihnen bekannten Personen suchen und Freundschaftsanfragen verschicken. Die andere Person kann die Freundschaft annehmen oder ablehnen. Die Namen der Freunde werden auf der Profilseite vermerkt. Zusätzlich bietet Facebook – ähnlich wie andere Netzwerke – weitere Kommunikationsfunktionen wie Chats oder Direktnachrichten an (vgl. Simons 2011: 39).

Für (Medien-)Unternehmen sind die netzwerkeigenen Funktionen „Gefällt mir", „Kommentieren" und „Teilen" von besonderer Bedeutung. Sie werden als Plug-ins unter jedem Beitrag bzw. Post angeboten, der im Newsfeed erscheint. Mit einem Klick können Mitglieder des Netzwerkes zeigen, dass ihnen Inhalte gefallen und diese kommentieren oder teilen.

Das System der „Gefällt mir"-Buttons hat sich mittlerweile auch außerhalb des Netzwerks durchgesetzt. Eine offene Programmierstelle, „Open Graph" genannt, ermöglicht externen Anbietern, ihre Websites mit Facebook zu verbinden (vgl. Hoffmeister 2011: 15). So kann beispielsweise Spiegel Online, den „Gefällt mir"- Button als „Empfehlungs"-Option unter einem Artikel einbinden (siehe *Abb. 1*). Mit einem Klick auf den Button können bei Facebook eingeloggte Leser ihrem Freundeskreis zeigen, dass ihnen der Artikel gefällt. Mit der Funktion „Teilen" kann der Nutzer die Nachricht zum Beispiel auf seinem Profil posten oder teilen – entweder auf seiner Chronik, der Chronik eines Freundes, in Gruppen oder privaten Nachrichten. Durch dieses Verhalten steigern sie die Verbreitung eines Artikels. Gleichzeitig kann der Nutzer auch sehen, wem aus seinem Facebook-Freundeskreis der Artikel noch gefällt.

Die Einbettung der Funktion ist für Medienunternehmen wichtig, um weitere Leser zu generieren. Denn 59 Prozent der Internetnutzer vertrauen bereits bei ihrem Nachrichtenkonsum auf Empfehlungen von Freunden (vgl. Böxler 2012: 54).

Abbildung 1: Die Social-Media-Funktionen bei Spiegel Online

Quelle: Auszug aus einem Screenshot von Spiegel.de

Als weiteres verbindendes Element bietet Facebook an, den Log-in direkt in externen Angeboten zu integrieren. Der Service hat den Namen „Connect". Nutzer können sich so über ihren Facebook-Account bei anderen Angeboten identifizieren. Sie sparen sich so das Merken zahlreicher Passwörter, Anbieter dürfen dadurch auf bestimmte Daten der Nutzer zugreifen.

Geprägt haben die Plattform, wie sie heute ist, einige weitere Funktionen. So sind Drittanbieter seit 2003 berechtigt, Spiele oder Kommunikationsanwendungen einzubinden (vgl. ebd.). Seit 2012 gibt es zudem „Interest Lists", die Nutzern helfen, Nachrichten zu eigenen Interessen zu bündeln. Von Medienunternehmen häufig genutzt werden inzwischen auch die im Juli 2013 eingeführten „Embedded Posts", mit denen Nutzerbeiträge im Facebook-Layout in die aktuelle Berichterstattung eingebunden werden können (vgl. Grabowicz 2014).

3.3 Soziale Netzwerke als unternehmerisches Instrument

Durch die wachsende Bedeutung von Sozialen Netzwerken in der Gesellschaft haben sich die Nutzungsmöglichkeiten erweitert. Sie eignen sich nicht mehr allein zum Netzwerken im privaten Bereich, sondern zusätzlich als wirtschaftliches Instrument. Das ist auch im Bewusstsein von Unternehmen angekommen. Der Ökonomie- und Management-Professor Michael Ceyp und der Unternehmensberater für Social Media Marketing Juhn-Petter Scupin schreiben daher in ihrem Buch:

> „Für die Unternehmenspraxis wie auch für die Wissenschaft stellt sich vor dem Hintergrund der Social-Media-Nutzung die Schlüsselfrage, wie Unternehmen Social Media zur (integrierten) Unternehmenskommunikation nutzen können. Dies gilt nicht nur für die Informationsgewinnung, sondern auch für die Frage, welche konkreten Kommerzialisierungspotenziale (zum Beispiel Absatzmöglichkeiten) in sozialen Medien genutzt werden können." (Ceyp/Scupin 2013: 6)

Durch die Rolle Sozialer Netzwerke in der Gesellschaft, verschieben sich etwa die Öffentlichkeitsarbeit und der Kundenservice vermehrt dorthin. Dabei sind Soziale Netzwerke Chance und Bedrohung zugleich. Der Grund: Unternehmen haben die Informationshoheit über ihre Produkte verloren. So sind Kunden laut Ceyp und Scupin häufig schneller und besser über Produkte und ihre Langzeitwirkung informiert als die Hersteller und teilen ihre Produkterfahrungen mit ihrem Bekanntenkreis online (vgl. ebd.: 5). Die öffentliche Meinung und das Image eines Unternehmens sind dadurch schwieriger zu steuern. Gleichzeitig bieten Soziale Netzwerke die Chance, viele Kunden mit wenig Aufwand und Budget zu erreichen.

Fast die Hälfte (47 Prozent) der Unternehmen nutzen bereits Soziale Medien. Das hat eine Umfrage ergeben, die der Bundesverband Informationswirtschaft, Telekommunikation und neue Medien e.V. (BITKOM) 2012 durchgeführt hat. Demnach planten zu dem Zeitpunkt weitere 15 Prozent, sich in Sozialen Medien zu engagieren. Unter allen zur Verfügung stehenden Optionen wie Wikis, Blogs und eigenen Online-Communities waren die Aktivitäten in Sozialen Netzwerken unter den Befragten am beliebtesten – rund 86 Prozent der Unternehmen waren dort präsent. Auch aus wissenschaftlicher Sicht wird die Fokussierung auf die Netzwerke empfohlen. Insbesondere Facebook habe als das weltweit erfolgreichste Netzwerk mit Mitgliedern aus allen Einkommens- und Bildungsschichten eine Ausnahmestellung, schreiben Ceyp und Scupin (vgl. 2013: 122). Die Zielfestlegung, sich allein auf Facebook zu konzentrieren, scheine bei den momentanen Wachstumsraten am plausibelsten. Des Weiteren werde durch die Vielzahl an Nutzern die höchste Hebelwirkung erreicht (vgl. ebd.).

Generell schätzen Unternehmen laut der Umfrage Social Networks insofern als wichtig ein, als dass sich dort ihre Zielgruppen aufhalten. Das Spektrum, wie sich Unternehmen in Sozialen Netzwerken betätigen können, ist jedoch breit. Sie ermöglichen Unternehmen etwa den Zugriff auf Daten, geben Aufschluss über die Interessen von Nutzern und dienen dem Austausch mit Kunden.

In der zuvor genannten Studie wurden 14 Anwendungsfelder ausgemacht und die Unternehmen befragt, für welche der Bereiche sie Soziale Medien einsetzen. Für 75 Prozent der Befragten war Werbung die wichtigste Nutzungsmöglichkeit, gefolgt von Marketing mit 71 Prozent und PR/Öffentlichkeitsarbeit mit 59 Prozent. Weitere Felder waren Kundenservice/-support (36 Prozent), Vertrieb (30 Prozent), Interne Kommunikation (17 Prozent), Kollaboration/Partner-Management (11 Prozent), HR/Personalfragen (8 Prozent), Produktentwicklung (7 Prozent), Wissensmanagement (7 Prozent), Krisenkommunikation (6 Prozent), Produktion (3 Prozent) und Research & Development/Innovation (2 Prozent) (vgl. 2012: 11). Dabei ist zu beachten, dass nicht alle diese Anwendungsfelder auch in Sozialen Netzwerken zum Tragen kommen, so eignet sich für den Bereich Wissensmanagement wohl eher ein Wiki.

Der Betriebswirtschaftler Ralf Kreutzer kristallisiert zwölf Unternehmensziele heraus. Diese unterscheiden sich in einigen Punkten von den zuvor beschriebenen Anwendungsfeldern, da Kreutzer stärker auf Faktoren des Marketings eingeht: Vergrößerung der Reichweite, Interessentengewinnung, Kundengewinnung, Kundenbetreuung, Kundenbindung, Kundenengagement, Serviceerbringung, Brand-Building, Erhöhung der Brand-Awareness, Informatorische Betreuung der eigenen Mitarbeiter, Gewinnung neuer Mitarbeiter und Erhöhung der Auffindbarkeit eigener Inhalte als Teil der Suchmaschinen-Optimierung (vgl. 2014: 436).

Einige der Ziele wurden auch in der BITKOM-Studie abgefragt. Am wichtigsten waren Unternehmen demnach die Steigerung der Bekanntheit der Marke/des Unternehmens (82 Prozent), die Akquise neuer Kunden (72 Prozent), der Aufbau der Beziehung zu Kunden (68 Prozent), die Verbesserung der Suchmaschinenplatzierung des Unternehmens (46 Prozent) und die Steuerung des Marken-/Unternehmensimages (42 Prozent). Weniger wichtig war der Aufbau von Beziehungen zu Multiplikatoren wie Journalisten und Bloggern (32 Prozent), Marktforschung und -beobachtung (31 Prozent), Gewinnung neuer Mitarbeiter (23 Prozent) und **Crowdsourcing** (15 Prozent), also die Nutzung der Masse, um Ideen oder Produkte zu generieren (vgl. 2012: 13).

Über die Art und Weise der Nutzung von Social Media zur Erreichung dieser Ziele gibt es viele offene Fragen (vgl. Ceyp/Scupin 2013: Vorwort). Da das Thema sehr jung ist, experimentieren die Unternehmen noch stark. Wissenschaftliche Erkenntnisse zur Nutzung von Social Media werden gebündelt unter den Begriffen „Social Media Marketing", „Virales Marketing", „Guerilla Marketing", „Digitales Empfehlungsmarketing", „Electronic Word of Mouth (E-WOM)" sowie „Social Media Commerce". Den meisten Bereichen ist gemein, dass sie versuchen, Nutzer zur Weiterleitung von Unternehmensinhalten, Marketingaktionen oder Werbebotschaften zu bewegen, und so hohe Reichweiten für diese Inhalte zu erzielen.

Wie wichtig die Rolle der Sozialen Netzwerke ist, um in Kontakt mit Nutzern bzw. Konsumenten zu kommen, zeigt sich in allen Wirtschaftszweigen. Generell gewinnt Facebook als größtes Netzwerk für alle Branchen als Kommunikationsmittel an Bedeutung. Denn die Akzeptanz von Nutzern, einem Unternehmen auf Facebook zu folgen, ist weitaus höher als eine E-Mail-Adresse für einen Newsletter preiszugeben (vgl. ebd.: 145). Ein Grund dafür könnte sein, dass es hier weitaus leichter ist, die abonnierten Informationen wieder abzubestellen.

Für viele Unternehmen ist zudem ein YouTube-Kanal sinnvoll, auf dem etwa Werbe-Videos veröffentlicht werden können. Videos spielen besonders im Bereich des viralen Marketings eine große Rolle. Denn es hat sich gezeigt, dass Videos mit bestimmten inhaltlichen Faktoren gerne von Nutzern geteilt werden und dadurch eine hohe Reichweite erzielen. Auf diesen Aspekt wird ausführlich in Kapitel 4.3 eingegangen. Die Medienangebote bzw. Nachrichtenplattformen, die in dieser Arbeit im Fokus stehen, nutzen zwar auch Videos, für die Nutzergewinnung hat jedoch Facebook die größte Bedeutung, YouTube kann in dem Kontext vernachlässigt werden.

3.4 Einsatz von Sozialen Netzwerken im Journalismus

Für Medienunternehmen haben Soziale Netzwerke eine besondere Bedeutung. Denn beide befriedigen dieselben Bedürfnisse: die der Kommunikation und des Austauschs. Durch ihre Funktionsweise haben Soziale Netzwerke zudem einige Merkmale eines Massenmediums – zumindest können durch sie viele Menschen mit wenig Aufwand erreicht werden. Anfangs ging es bei Sozialen Netzwerken zwar um den Austausch privater Informationen wie Urlaubsfotos oder um Verabredungen zwischen Freunden. Inzwischen hat sich der Bereich jedoch ausgeweitet. Mitglieder nutzen Netzwerke auch, um Nachrichten zu konsumieren, wie etwa der in Kapitel 3.2 bereits erwähnte Reuters-Bericht gezeigt hat. Netzwerke haben sich zum Distributionskanal entwickelt.

So kann ein Medienunternehmen im Kontext Sozialer Netzwerke – im Gegensatz zu anderen Branchen – nicht nur von einer wirtschaftlichen, sondern auch von einer journalistischen Herangehensweise her betrachtet werden. Das

Besondere: Ein journalistisches Produkt fügt sich in Soziale Netzwerke ein, Nachrichten von Medienportalen verschmelzen im Newsfeed mit Statusmeldungen von Freunden. Medien sind mit ihrem Produkt – der Nachricht –zumindest in Kurzform, direkt bei Facebook vertreten. Der Nutzer kann sie unmittelbar konsumieren. Andere Produkte können dort lediglich angepriesen werden – als klassische Anzeige oder in Form von gesponserten Beiträgen, Native Advertising genannt.

Ein weiterer Untersuchungsgegenstand ist die wirtschaftliche Strategie von Medienhäusern in Netzwerken. In dem Bereich können Parallelen zu den Nutzungsmöglichkeiten von Sozialen Netzwerken gezogen werden, wie sie in Kapitel 3.3 aufgeführt wurden und generell für ein Wirtschaftsunternehmen gelten. Das Besondere an Medienunternehmen ist jedoch, dass nicht etwa Marketing-Experten, Produktentwickler oder die IT-Abteilung für Soziale Medien verantwortlich sind, sondern Journalisten. Daher lässt sich auch erklären, dass sich fast keine Informationen von Medienunternehmen zu wirtschaftlichen Strategien im Social-Media-Bereich finden lassen. Es entsteht der Eindruck, dass Soziale Medien eher als Leserfänger und somit lediglich als weiterer Distributionskanal gesehen werden, wodurch der Großteil der in Kapitel 3.3 genannten Handlungsfelder nicht zum Einsatz kommt. Diese Auffassung vertritt auch Medienforscher Andreas Moring:

> „In den allermeisten Fällen beschränken sich die Inhalte von Zeitungen in Sozialen Netzwerken auf Anrisse von und Verweise auf Artikel der eigenen Webseite. Diese wiederum sind in erster Linie bei Lokal- und Regionalzeitungen lediglich leicht oder gar nicht angepasste Kopien der Artikel, die für die Printausgabe geschrieben worden sind. Diese Art von Nachrichten ist aber mit den Nutzungsgewohnheiten und den Informationsgewohnheiten im Social Media Bereich nicht kompatibel und kann daher nicht funktionieren, weil sie auf ein Sender-Empfänger-Verständnis aufbaut, das mit Social Media oder generell mit Kommunikation im Web 2.0 nichts zu tun hat." (Moring 2014: 130f.)

Die Notwendigkeit, Soziale Medien zu nutzen, sehen jedoch die meisten Verlage. In einer Studie des Bundes deutscher Zeitungsverleger (BDZV) zum Thema geben nur sieben Prozent der Zeitungsverlage an, nicht aktiv in dem Bereich zu sein (vgl. Hoffmeister 2011: 36). Von den Social-Media-Engagierten sind 98 Prozent in Sozialen Netzwerken unterwegs. Die Teilnehmer der Umfrage aus der Zeitungsbranche sind also um einiges aktiver als die von BITKOM befragten Unternehmen. Die Erklärung dafür liegt auf der Hand: Da Kommunikation das Geschäftsmodell der Massenmedien ist, ist es naheliegend, Nachrichten in den Netzwerken zu platzieren. Denn Soziale Netzwerke funktionieren wie ein Stammtisch, der sich in die virtuelle Welt verlagert hat. An Stammtischen wurden Neuigkeiten aus Presse und Rundfunk schon immer diskutiert. Deshalb macht es für Medien Sinn, auch in der digitalen Welt Themen zu setzen, indem sie sich in den Kommunikationsprozess einklinken. Zudem können sie so in Kontakt mit Nutzern kommen.

Die Zeitungsverlage setzen bei ihren Zielen in Sozialen Medien andere Prioritäten als die Gesamtwirtschaft. In der BDZV-Studie gaben 100 Prozent der befragten Zeitungshäuser an, durch ihr Engagement Traffic für ihre digitalen Angebote generieren zu wollen. Imageaufbau und -pflege war für 92 Prozent wichtig, Kundenbindung folgte mit 87 Prozent. Zudem sollten Soziale Medien bei der Neukundengewinnung (72 Prozent), der Umsatzerhöhung der Online-Anzeigen (63 Prozent) und der Erhöhung der Print-Verkäufe (60 Prozent) helfen (vgl. Hoffmann 2011: 38).

Die Umfrage zeigt jedoch lediglich die Ziele der Verlage, nicht was sie tatsächlich erreichen. Verlässliche Informationen darüber, wie Medienunternehmen sich strategisch in Sozialen Netzwerken aufstellen, gibt es kaum. So kann ihr Engagement lediglich beobachtet werden und es können daraus Schlüsse gezogen werden.

Eine Übersicht des BDZV online (vgl. 2015b) zeigt, dass Facebook für die 455 aufgeführten Medien die erste Wahl ist, wenn sich Zeitungsverlage in Sozialen Netzwerken engagieren. Nur **RSS-Feeds** werden häufiger genutzt. Im Bereich der Netzwerke folgen auf Facebook im Beliebtheitsranking Twitter, Google+ und YouTube. Einige Titel sind zudem bei Xing und StudiVZ, das inzwischen in MeinVZ aufgegangen ist, vertreten. Überraschend ist, dass das aufstrebende Netzwerk Pinterest, das als **Bookmarking-Dienst** nach einem Pinnwand-Prinzip arbeitet, gar nicht genannt wird. Moring stellte in seiner Studie fest, dass Pinterest nach Facebook zum größten Traffic-Lieferanten für Medienunternehmen geworden ist. Auch Daten von comScore zeigen, dass das Netzwerk vielerorts in Europa – auch in Deutschland – ein schnelles Wachstum verzeichnet (vgl. Dreyer 2012).

Im Folgenden sollen einzelne Handlungsfelder von Sozialen Netzwerken herausgehoben und exemplarisch dargestellt werden. Dadurch sollen der Status Quo dokumentiert und gleichzeitig Optimierungsmöglichkeiten aufgezeigt werden.

1. *Monitoring:* Eine passive Strategie für Soziale Netzwerke stellt das Monitoring dar. Durch das Beobachten können Redaktionen herausfinden, wie Menschen Soziale Netzwerke nutzen und Möglichkeiten für zukünftige Aktivitäten ausloten. In Deutschland gibt es in dem Bereich noch Potenzial. Im Jahr 2011 waren lediglich 25 Prozent der vom BDZV befragten Zeitungen im Social-Media-Monitoring aktiv (vgl. Hoffmeister 2011: 39). Und die, die aktiv waren, waren mit den Ergebnissen unzufrieden. Der Grund: Die Verlage hatten Schwierigkeiten, die dort gewonnenen Erkenntnisse gewinn-

bringend zu nutzen. Inzwischen sind die Medienunternehmen einige Schritte weiter. In der Journalisten-Werkstatt zum Thema Innovationen melden sich zehn Chefredakteure und Digitalverantwortliche zu Wort. Der Tenor: Die Beobachtung des Marktes und des Nutzerverhaltens ist ein an Bedeutung gewinnendes Thema. Einige Titel wie die Welt haben das bereits seit längerem in das Tagesgeschäft integriert. Andere, etwa die Ruhr Nachrichten, reagierten erst später mit der Einstellung von für Monitoring zuständigem Personal und dem Kauf geeigneter Tools (vgl. Journalisten Werkstatt 2014: 11). Die New York Times nutzt Monitoring schon seit einigen Jahren. Sie überprüft dadurch die Themenakzeptanz und verfolgt mit einer eigens dafür entwickelten Software die Verbreitung der eigenen Nachrichten im Netz. Mit diesen Erkenntnissen wird anschließend die Themen- und Blattplanung optimiert (vgl. ebd.: 58). Ein von Medienunternehmen weitgehend nicht praktizierter oder thematisierter Nutzen des Monitoring ist es zudem, unzufriedene Kunden ausfindig zu machen und auf sie einzugehen, bevor eine Welle an negativen Beiträgen, auch **Shitstorm** genannt, ausgelöst werden kann.

2. *Zugewinn an Umsatz:* Zeitungsverlage gehen davon aus, dass Anzeigenerlöse auch durch Soziale Medien stärker in den digitalen Bereich verlagert werden. Der Wunsch, in Sozialen Netzwerken Geld zu verdienen, ist deshalb groß (vgl. ebd.: 42), die direkte Umsatzgenerierung jedoch schwierig. Das Magazin Business Punk hat Erfolg im Abo-Verkauf auf Facebook – was mit der dafür geeigneten Zielgruppe zusammenhängen könnte – junge, gebildete Männer, die technikaffin sind (vgl. Baltner 2013; Business Punk 2014). Das Konzept ist deshalb nicht generell übertragbar. Wenn Medienunternehmen Soziale Netzwerke jedoch nutzen, um ihren Angeboten durch einen zusätzlichen Distributionskanal zu mehr Reichweite zu verhelfen, könnte der Zuwachs an Lesern die Einnahmen im Anzeigenbereich erhöhen.

3. *Reichweite erhöhen:* Durch Soziale Medien können Medienunternehmen neue Zielgruppen erschließen. Durch eine Studie des Pew Research Center wurde gezeigt, dass für Menschen, die sehr häufig Nachrichten lesen, Facebook als Informationsmöglichkeit nur eine geringe Bedeutung hat – sie suchen auch unabhängig von der Plattform im Web und in Medienangeboten nach Neuigkeiten. Für die Menschen mit einem geringen Nachrichtenkonsum steigt die Bedeutung des Netzwerks als Informationsmöglichkeit jedoch. Rund 47 Prozent der zu dieser Gruppe zugehörigen Nutzer empfinden Facebook als Informationskanal als wichtig (vgl. Mitchell et al. 2013). In der Studie schrieb einer der Befragten sogar (ebd.): „If it wasn't for Facebook news, I'd probably never really know what's going on in the world because I don't have time to keep up with the news on a bunch of different

locations." Das zeigt: Medienunternehmen können durch ein Engagement in Sozialen Netzwerken neue Nutzer hinzugewinnen.

Um neue Leser zu erreichen, nutzen Verlage sich ähnelnde Konzepte. Zunächst sind viele auf Facebook mit einem Unternehmensprofil vertreten, wodurch Nutzer Nachrichten abonnieren und das Unternehmen zu ihrer Interessensliste hinzufügen können. Auf ihrer Chronik posten die Unternehmen Inhalte der Website, meist einen Teaser und ein Foto – hinter denen ein Link zu dem Text hinterlegt ist. Wie ein solches Engagement aussieht, ist in *Abb. 2* zu sehen. Zudem werden viele Autoren angehalten, auf ihren eigenen Profilen ihre Geschichten zu bewerben. Nach dem Innovationsbericht der New York Times fehlen dazu jedoch häufig die Kompetenzen (vgl. The New York Times 2014: 43).

Abbildung 2: Screenshot des Facebook-Profils von Spiegel Online

Quelle: Screenshot Facebook-Auftritt Spiegel Online: https://www.facebook.com/ spiegelonline

4. *Leserbindung:* Soziale Netzwerke eignen sich ideal, um die Bindung von Lesern an ein Angebot zu stärken. „Facebook news consumers who ‚like' or follow news organizations or journalists show high levels of news engage-

ment on the side", ist das Ergebnis der Studie des Pew Research Centers (vgl. Mitchell et. al. 2013). Demnach haben ein Drittel der Menschen, die Nachrichten auf der Plattform konsumieren, auch Medienhäuser oder Journalisten in ihre Newsfeeds aufgenommen. Damit steigt für sie die Bedeutung des Netzwerks als Nachrichtenlieferant und sie interagieren stärker mit dem Angebot (vgl. ebd.). Die Bindung von Lesern an die Marke kann dadurch gestärkt werden. Insbesondere der einfache und direkte Kontakt von Nutzern mit Journalisten ist dafür eine neue Möglichkeit. Denn die Journalisten repräsentieren in Sozialen Netzwerken nicht nur sich, sondern auch ihren Arbeitgeber. So kann es neben der Verbindung eines Unternehmens zu seinen Konsumenten zahlreiche weitere Verbindungen zwischen Mitarbeitern und Konsumenten geben. Eine weitere Möglichkeit bieten interaktive Elemente in Sozialen Netzwerken. So können Leser dort direkt angesprochen oder in einer Umfrage nach ihrer Meinung gefragt werden. Auch Quiz und Gewinnspiele kommen der Leserbindung zugute. Eine direkte Verbindung zu Nutzern ist Medienunternehmen wichtig. Sueddeutsche.de z.B. sucht den Kontakt mit Lesern auf Sozialen Netzwerken und will erreichbar sein. Deshalb will sich das Nachrichtenportal auch noch stärker in dem Bereich professionalisieren (Journalisten-Werkstatt 2014: 13).

5. *Image- bzw. Markenbildung:* Menschen sind getrieben von Neugier. Sie wollen wissen, wie ein Medienhaus funktioniert und wer die Journalisten sind, die die Inhalte produzieren. Medienunternehmen können sich mit ihrer Präsenz in Sozialen Netzwerken einen Wettbewerbsvorsprung zu anderen Angeboten im Netz schaffen. Denn Netzwerke bieten die Chance, sich lesernah zu präsentieren (vgl. Liese 2012). Darauf setzt etwa die Berliner Morgenpost, sie will transparenter und überprüfbarer werden, um die Loyalität von Lesern zu gewinnen (vgl. Journalisten-Werkstatt 2014: 13). Wenn Redaktionen Einblicke in den Arbeitsalltag zulassen, kann die Marke langfristig an Glaubwürdigkeit gewinnen – und wer zuverlässige Informationen sucht, sucht beim nächsten Mal direkt bei dem Unternehmen. Social Media kann demnach ein Weg zu einem personalisierten Unternehmen sein (vgl. ebd.). Der Nordwestdeutsche Rundfunk (NDR) fordert seine Mitarbeiter etwa dazu auf, sich auf Sozialen Netzwerken mit Nutzern auszutauschen und auch Verbesserungsvorschläge einzuholen, um das Profil der Marke zu stärken (vgl. Unbekannter Autor 2011).
    Eine weitere Chance der Imagebildung ist das stärkere Eingehen auf die Bedürfnisse der Nutzer. Soziale Medien ermöglichen es Verlagen, individuelle Produktlösungen anzubieten. So können Nutzer auf Facebook etwa nur die Nachrichten eines bestimmten Ressorts eines Titels abonnieren. Außer-

halb Sozialer Netzwerke bieten sich RSS-Feeds oder andere Aggregatoren an, die von den Medienhäusern bestückt werden und auch auf der eigenen Plattform präsentiert werden können. Ein solches Konzept verfolgt etwa die Denver Post (vgl. Liese 2012).

6. *Recherche/Themensetzung:* Soziale Medien können auf vielerlei Weise zur Themenrecherche und -setzung beitragen. Eine Möglichkeit ist, durch Monitoring von Themen zu erfahren, die die Leser bewegen. Dabei helfen etwa „Interest Lists" von Facebook oder die Suchfunktion „Social Graph", die generell bei der Recherche von Ansprechpartnern und Protagonisten behilflich sein kann. Durch Monitoring können Themen, die in Sozialen Medien diskutiert werden, als Anlass zur Berichterstattung genutzt werden. Zum Beispiel kann mit Sozialen Medien ein Stimmungsbild zu bestimmten Anlässen generiert werden, indem einzelne **Tweets** oder Posts in die Berichterstattung eingefügt werden.

   Regelmäßig passiert das in der Berichterstattung über den Tatort, der jeden Sonntagabend in der ARD ausgestrahlt wird. Unter dem Hashtag #tatort posten Fans ihre Meinungen zu dem Film auf dem Kurznachrichtendienst Twitter. Spiegel Online sucht im Nachhinein die interessantesten Tweets aus, kommentiert sie und fügt sie zu einem Meinungsbild zusammen (vgl. Frank 2014). Für das Kuratieren von Beiträgen aus Sozialen Netzwerken haben sich inzwischen auch verschiedene Tools etabliert. Viele Medien nutzen etwa den Onlinedienst **Storify**.

   Doch Nutzer können auch selbst Themen setzen. Ein Beispiel: Die Kette, die Angela Merkel beim TV-Duell für die Bundestagswahl 2013 trug, erlangte durch Soziale Netzwerke Berühmtheit. So gründete jemand einen Twitter-Account für die Kette und twitterte in ihrem Namen über den Wahlkampf. Der Account @schlandkette erhielt innerhalb kürzester Zeit über 6.700 **Follower**. Als Folge berichteten zahlreiche in- und ausländische Medien. Spiegel Online etwa betitelte einen Beitrag zum Thema mit „Merkels Halsschmuck auf Twitter: ‚Hätte, hätte, Deutschlandkette'" (vgl. Unbekannter Autor 2013a).

   Auch in den Netzwerken selbst lassen sich Geschichten finden, die sich für Massenmedien eignen. Die Washington Post etwa erzählt mit simplen Facebook-Posts Geschichten für die Zeitung, indem sie diese chronologisch ordnet und Hintergrundinformationen liefert, etwa zu den Menschen, die einen Post kommentieren. Die Geschichte über die Geburt eines Kindes und die Komplikationen der Mutter nach der Geburt war z.B. so populär, dass sie über 1.500 Mal auf Twitter geteilt wurde (vgl. Shapira 2010).

7. *Crowdsourcing:* Die Zusammenarbeit mit Lesern und Nutzern kann Redaktionen in vielerlei Hinsicht helfen. Beide Konsumentengruppen (zwischen

denen es auch Überschneidungen geben kann) können auf Themen aufmerksam machen oder selbst Geschichten als sogenannte Leserreporter einreichen. Circa ein Drittel der Zeitungsverlage engagiert sich im Bereich Leser-Reporter (vgl. Hoffmeister 2011: 57). Eine Sternstunde für den Bürgerjournalismus war etwa die Landung eines Flugzeuges auf dem Hudson River. Ein Augenzeuge postete das Ereignis auf Twitter und wurde zum Ansprechpartner für Medien (vgl. Ceyp/Scupin 2013: 13; Patalong 2009). Der Vorteil von der Einbindung von Lesern in den Nachrichtenbetrieb liegt auf der Hand: Während Redaktionen auf ein durch Sparmaßnahmen immer kleiner werdendes Netzwerk an Reportern zurückgreifen müssen, um ihre Medien zu bestücken, sind Menschen, die Soziale Kanäle befüllen, überall unterwegs. Einige Medienmarken wie die Bild, das Hamburger Abendblatt und die Nordwest-Zeitung haben daher inzwischen Plattformen oder Communities errichtet bzw. eine App für Leserreporter entwickelt.

Die Arbeitskraft von Nutzern kann jedoch auch auf anderen Gebieten eingebunden werden. So können sie etwa beim Sichten von großen Datenmengen helfen. Zeitungen wie die New York Times oder die Washington Post benutzen Crowdsourcing, um Fehler in Artikeln zu finden und Lesern die Möglichkeit zu Anmerkungen zu geben. Einige Unternehmen setzen auch auf offene Programmierstellen, um Services von Entwicklern, etwa Apps, integrieren zu können (vgl. ebd.: 58). Durch die Zusammenarbeit von internen und externen Experten können zum Beispiel auch innovative Konzepte für Werbekunden entstehen (vgl. ebd.).

Zudem eignet sich Crowdsourcing für alles, was mit dem digitalen Publizieren zusammenhängt, etwa wenn Tools wie der Videoplayer von YouTube auf eigenen Websites eingebunden werden. Dadurch können Kosten eingespart oder reduziert werden (vgl. ebd.: 53).

Festgehalten werden kann, dass Soziale Netzwerke für Verlage verstärkt an Bedeutung gewinnen. Die Hauptaspekte sind der Zugewinn an Traffic für die eigene Website und die Recherche, doch auch in anderen Geschäftsbereichen können Soziale Medien nützlich sein. Der bereits erwähnten BDZV-Umfrage zufolge sind viele Verlage jedoch unzufrieden mit ihrem Engagement dort (vgl. Hoffmeister 2011: 42). Die meisten Verlage (63 Prozent) denken nicht, dass sie bereits die richtige Strategie im Umgang mit Sozialen Medien gefunden haben. Die Hauptaspekte, weshalb Verlage unzufrieden sind, sieht Hoffmeister in der Frage nach der Refinanzierung der Aktivitäten sowie einer zu geringen strategischen Planung und wenig Bemühungen in der Erfolgsmessung. Der Social-Media-Trendmonitor zeichnet ein ähnliches Bild (vgl. Faktenkontor/news aktuell 2014). So haben sich die Erwartungen an Social Media nur teilweise erfüllt. Besonders monieren Journalisten, dass Soziale Medien viel Aufwand, jedoch wenig Ertrag bedeuten (51 Prozent), zudem waren sie enttäuscht von der geringen Interaktion (39 Prozent) und dem Ausbleiben von finanziellen Gewinnen (38 Prozent). Weitere Faktoren sind zu wenig interne Unterstützung (33 Prozent), zu wenig Fans und Follower (25 Prozent), keine Markenstärkung (12 Prozent), kein Imagegewinn (10 Prozent) und zu viele negative Kommentare (7 Prozent).

Wagt man einen Blick in die Zukunft, könnte sich das Engagement der Medienhäuser in Sozialen Netzwerken jedoch gravierend verändern. So ist Facebook im Mai 2015 die Kooperation mit verschiedenen Medienhäusern eingegangen, die bereit sind, einige ihrer Inhalte direkt auf den Servern des Netzwerkes hochzuladen. Die neue Artikelform, die es zunächst nur für die iPhone-App geben soll, nennt Facebook Instant Articles (vgl. Facebook 2015).

Konkret möchte Facebook anstelle von Teasern mit hinterlegten Links Artikel vollständig in den Newsstream einfließen lassen. Nutzern sollen dadurch Ladezeiten bei der Umleitung auf die Nachrichtenseiten erspart bleiben. Etwa zehn Mal schneller soll ein Artikel auf dem Display erscheinen, als normalerweise beim Surfen im mobilen Web. Durch die Neuerung sollen Nutzer, die den Ladevorgang sonst genervt abbrechen, gehalten werden (vgl. ebd.). In einer ersten Testphase nehmen neun Unternehmen aus Amerika, Großbritannien und Deutschland teil, dazu zählen die New York Times, National Geographic, BuzzFeed, NBC News, The Atlantic, The Guardian, BBC News, Spiegel Online und Bild.

Seit Bekanntwerden der Pläne und später der Kooperationspartner wird in der Medienbranche kontrovers und oft hoch emotional über die Vor- und Nachteile diskutiert. Denn da Medienhäuser inzwischen viel Traffic durch Facebooks Verlinkungen beziehen, sind sie in gewisser Weise abhängig und könnten diese Abhängigkeit durch Instant Articles noch verstärken.

Allerdings hat Facebook seinen Kooperationspartnern weitgehende Freiheiten eingeräumt. So bleiben die Rechte über die Inhalte jederzeit bei den Medienunternehmen, diese können in ihren Artikeln Werbung verkaufen und die Erlöse daraus zu 100 Prozent behalten. Verkauft Facebook darin Werbung, verbleiben lediglich 30 Prozent bei dem Netzwerk, 70 Prozent gehen an das Medienunternehmen. Da das Netzwerk Anzeigen datenbasiert und daher auf Nutzerinteressen angepasst ausspielen kann, könnte sich eine Kooperation auch für Medienunternehmen auszahlen. Denn gerade im stark wachsenden mobilen Markt fehlen bislang Ideen, wie Inhalte monetarisiert werden können. Displaywerbung ist aufgrund der kleinen Bildschirmgrößen schwierig – und Native Advertising – Werbung, die sich als journalistischer Inhalt tarnt – wird häufig als nicht vereinbar mit publizistischen Werten und der Trennung von redaktionellen Inhalten und Werbung gesehen.

Bei der Entwicklung der neuen Artikelform wurden Medienunternehmen zudem eingebunden. Ein Buzzfeed-Vertreter soll für eine Kooperation sieben Forderungen aufgestellt haben (vgl. Constine 2015):

1. Compatibility with comScore traffic measurement
2. Compatibility with Google Analytics to understand the audience
3. To make sure Google Analytics worked across all its content
4. Compatibility with BuzzFeed's internal analytics tools
5. Control of design to make Instant Articles look and feel like BuzzFeed articles
6. Ability to work with BuzzFeed on special formats like quizzes
7. Monetization

Die Bedingungen von BuzzFeed hat Facebook alle umgesetzt. Jegliche Messinstrumente auch anderer Unternehmen funktionieren, das Aussehen der Artikel kann an die Marke angepasst werden und auch eine Monetarisierungsmöglichkeit ist vorhanden. Diese ist insbesondere wichtig, da Nutzer durch Instant Articles nicht mehr auf die Website von Medienunternehmen umgeleitet werden. Die Unternehmen können dadurch auf ihren Websites weder durch Werbung noch durch eine Bezahlschranke Geld verdienen. Mit Instant Articles sollen sowohl Einnahmen aus Werbung als auch aus Abos generiert werden können. Derzeit soll Facebook in Kooperation mit Medienhäusern an möglichen Abo-Modellen arbeiten (vgl. Axel Springer 2015).

Auch für die unkomplizierte Umwandlung bereits produzierter Artikel in Instant Articles hat Facebook gesorgt und eine Schnittstelle eingerichtet, mit der sie ohne großen Aufwand funktioniert. Generell können die Artikel multimedial angelegt werden. Audios, Videos und Grafiken können eingefügt werden, bei Fotos Daten zum Aufnahmeort hinterlegt werden. Josh Constine, Autor bei Techcrunch, schätzt Instant Articles zum jetzigen Zeitpunkt als besonders nutzerfreundlich ein (2015): „Instant Articles offer perhaps the richest mobile news reading experience today. Everything is designed to react to where users scroll, instantly play without extra taps, and be navigatable by touch or tilt." Jedoch sind selbst abspielende Videos nicht bei allen Nutzern beliebt, da sie viel Datenvolumen verbrauchen. Eine weitere Neuheit ist, dass Artikel nun auch mit Nutzern außerhalb von Facebook geteilt werden können.

Von den deutschen Medien kooperieren Bild und Spiegel mit Facebook. Beide Unternehmen betrachten Instant Articles als Experiment. Spiegel-Online-Chefredakteur Florian Harms sagt, es sei wichtig, „Leser da zu erreichen, wo sie sind". Zudem erhoffe sich Spiegel Online durch die Kooperation einiges darüber zu lernen, wie sich Spiegel-Online-Inhalte in Sozialen Netzwerken am besten darstellen und verbreiten ließen (Spiegel Online 2015). Bild.de-Chefredakteur Julian Reichelt sieht Facebook als Ort, wo sich der „digitale Alltag" von fast 30 Millionen Menschen in Deutschland abspielt. Die Redaktion sei gespannt, Instant Articles auszuprobieren und gemeinsam mit Facebook Lösungen zu entwickeln, um die Bild.de-Inhalte auf Facebook noch schneller, leichter, reibungsloser und aufregender erlebbar zu machen (vgl. Axel Springer 2015). „Wir wollen lernen, aber auch mitgestalten, wie die Menschen im Zeitalter sozialer Plattformen News, Unterhaltung und Sport konsumieren", sagt er in einer Mitteilung (vgl. ebd.).

Auf den ersten Blick scheinen die Vorteile von Instant Articles groß. Denn sie geben Medienhäusern eine Möglichkeit, sich besser auf Facebook zu präsentieren, Inhalte für die mobile Nutzung zu optimieren und damit Geld zu verdienen. Doch auch Facebook profitiert davon. Das Netzwerk kann Nutzer durch das Hosten publizistischer Inhalte länger in der App halten, denn sie surfen nicht mehr auf die Website der Medienunternehmen. Bleiben Nutzer länger, kann auch Facebook mehr Einnahmen durch Werbung erzielen. Zudem könnten sich durch die Kombination der Analyse von Nutzerprofilen mit Lesegewohnheiten weitere Möglichkeiten der datenbasierten Ausspielung von Werbung oder auch publizistischer Inhalte ergeben.

Der Hauptkritikpunkt an Instant Articles ist die Abhängigkeit von Facebook. Denn das Netzwerk hat bislang nicht mit Medienhäusern kooperiert. Häufig änderte es in der Vergangenheit die Algorithmen, nach denen Nutzern Inhalte angezeigt werden. Offen kommuniziert wurde das nicht, so versuchten Medienhäuser den neuen Anforderungen immer wieder gerecht zu werden, um mit Posts auch gesehen zu werden.

Als Lösung dieses Dilemmas könnten Verlage sich zusammentun und gemeinsam gute Konditionen für die Inhalteverwertung und die Beteiligung an Anzeigenerlösen verhandeln. Sonst könnte es sein, dass einige große Verlage als Gewinner aus einer Kooperation herausgehen und dadurch kleinere Verlage schwächen.

4 Virale Effekte als Schlüssel zum Erfolg im Social Web

4.1 Begriffserklärungen: virale Effekte und virales Marketing

Das Internet bildet mit seinen Sozialen Netzwerken, Blogs und Foren eine gigantische Kommunikationsplattform. Diese ermöglicht es Nutzern, sich digital zu vernetzten und als einzelne Personen eine große Öffentlichkeit zu erreichen. Trifft ein normaler Mensch pro Woche etwa eine Handvoll guter Bekannter (vgl. Langner 2009: 32), sind diese heute im Netz nur einen Klick entfernt. Wenn er seinen Freunden von einem guten Buch erzählen möchte, braucht er deshalb nicht bis zu einem nächsten Treffen zu warten, mit Hilfe von Sozialen Netzwerke erreicht er alle Freunde sofort und gleichzeitig. Durch diese Möglichkeiten zur Massenkommunikation erhalten Nutzer eine enorme Macht – und bilden einen Gegenpol zur kontrollierten Unternehmenskommunikation. Denn Werbung kann noch so eindringlich auf Vorzüge eines Produktes hinweisen. Wenn Nutzer diese nicht ebenso beurteilen, können sie durch negative Bewertungen das Schicksal eines Produktes besiegeln. Umgekehrt kann der Verkauf eines Produkts durch Online-Empfehlungen auch vorangetrieben werden. Für das Marketing durch Mundpropaganda entstehen durch Online-Kommunikation also neue Herausforderungen.

Mundpropaganda bzw. „Word-of-mouth Advertising" zählt zu den ältesten und effektivsten Formen des Marketings und gilt als „stärkster Hebel der Kaufentscheidung" (ebd. 15). Zudem ist diese Form des zwischenmenschlichen Austauschs bereits uralt. Denn zu kommunizieren gehört zu den Grundbedürfnissen des Menschen. So wurden jahrhundertelang sowohl Klatsch, Tratsch und Gerüchte als auch Trends unter das Volk gebracht. Eine schnelle, virusartige Verbreitung von Nachrichten war in der Offline-Welt jedoch nicht möglich. Ohne das Internet müssten Menschen enorm viel Zeit investieren, um alle Freunde zu erreichen und ihnen etwas mitzuteilen. In der Vergangenheit erreichten daher nur wenige Gerüchte und Geschichten außerhalb des Internets überhaupt eine kritische Masse (vgl. ebd.: 32).

Um die neue Form des Marketings abseits der Offline-Welt zu beschreiben, ist der Begriff „elektronische Mundpropaganda" bzw. „Electronic Word-of-mouth" entstanden. Darunter versteht man „any positive or negative statement made by potential, actual, or former customers about a product or company, which is made available to a multitude of people and institutions via the internet" (Hennig-Thurau et al. 2004: 39). Wichtig für die Definition ist, dass es sich um einen informellen Austausch handelt, etwa zwischen Konsumenten, die sich gegenseitig in Bezug auf Menschen, Güter, Dienstleistungen und soziale Themen beraten (vgl. Huber/Lenzen/Daum 2012: 57).

Im Kontext der elektronischen Mundpropaganda ist der Begriff „virales Marketing" bzw. „Viral Marketing" entstanden. Dabei geht es um das „gezielte Auslösen von Mundpropaganda zum Zwecke der Vermarktung von Unternehmen und deren Leistungen" (Langner 2009: 27). Der Begriff kam bereits 1996 auf und hat sich in seiner Bedeutung bis heute nicht verändert. Unter viralem Marketing wird „eine Form der positiven Word-of-Mouth-Kommunikation in elektronischen Medien" verstanden (Mau/Schulz/Silberer2008: 20). Dabei geht es darum, dass Konsumenten andere Konsumenten etwa über Produkte informieren. Im Idealfall erzählen diese eine Marken-Botschaft weiter, sodass sie sich immer weiter verbreitet. Notwendig ist für diese Form des Marketings die Kommunikation über E-Mails, Blogs, Foren und Soziale Netzwerke (vgl. ebd.), um eine Masse an Menschen und so den „Tipping Point" erreichen zu können – „jenen magischen Moment, der schlagartig eine modische oder soziale Lawine lostritt" (Langner 2009: 21) und bei dem sich die Nachricht nicht mehr linear, sondern exponentiell weiterverbreitet (vgl. Huber/Lenzen/Daum 2012: 10).

Virale Effekte können sich jedoch auch so entwickeln, dass sie einen für das Unternehmen negativen Effekt nach sich ziehen. Dann spricht man von einem Shitstorm. „Gemeint ist eine unvorhergesehene, anhaltende, über Soziale Netzwerke und Blogs transportierte Welle der Entrüstung über das Verhalten öffentlicher Institutionen, die sich schnell verselbständigt und vom sachlichen Kern entfernt" (Clement/Schreiber 2013: 445f.). Häufig schwappe diese Welle auch in die traditionellen Medien über – ein Worst-Case-Szenario für Unternehmen.

Die Bezeichnung „viral" ist an den medizinischen Begriff der „Viralität" bzw. des „Virus" angelehnt (vgl. Langner 2009: 21). Ein Virus ist ein „kleiner infektiöser Partikel", der Zellen und Organismen infiziert. Da es selbst keinen Stoffwechsel besitzt, braucht es einen Wirt, durch den es sich vermehren kann. Viren haben die Fähigkeit, sich schnell an sich verändernde Situationen anzupassen und zu mutieren. Übertragen wird das Virus durch den Wirt. Steckt der mehr als einen weiteren Wirt an, kann es zu einer Epidemie kommen (vgl. Wissen 2015).

Auch Informationen, Werbeslogans, Nachrichten oder Katzenvideos können sich durch das Internet virusartig verbreiten. Im Netz steht der Inhalt analog für das Virus. Er wird irgendwo von einem Nutzer online gestellt. Dieser Nutzer ist der erste Wirt, er verbreitet den Inhalt, indem er ihn mit seinen Freunden teilt. Diese teilen ihn erneut. Durch den simultanen Zugriff auf eine hohe Zahl an Online-Kontakten passiert das in einer rasenden Geschwindigkeit. So können Inhalte zu einer Filmpremiere etwa in Echtzeit im Internet veröffentlicht werden, sich dort verbreiten und die Zuschauerzahlen am Premierenwochenende beeinflussen. Dabei können Informationen scheinbar ein Eigenleben entwickeln. Wie sie sich verbreiten, ist nur in kleinem Umfang steuerbar und auch nur, wenn ein Unternehmen eine Nachricht im Netz zur Weiterverbreitung platziert, nicht wenn ein beliebiger Nutzer eine Nachricht streut. Im Nachhinein ist es in beiden Fällen schwer nachvollziehbar, welchen Weg eine Nachricht genommen hat. Überschreitet sie den „Tipping Point" ist nur klar: Sie hat sich durch Kommunikation in der Gesellschaft verbreitet, ist ein virales Phänomen. In der Praxis herrscht die gängige Meinung, dass dies passiert ist, wenn die Grenze von einer Million Klicks überschritten wurde. Dann wird offiziell von Viralität gesprochen (vgl. Cutler 2009: 42).

Die Werbewirtschaft und PR-Agenturen versuchen die Möglichkeiten, die virale Effekte in sich bergen, für sich zu nutzen. Im Journalismus ist die bewusste Auseinandersetzung mit dem Phänomen zur Vermarktung eigener Inhalte oder (Werbe)Botschaften noch nicht etabliert. Medien beschränken sich häufig darauf, die Nutzung eigener Angebote auszuwerten, um so zu analysieren, welche Inhalte von Nutzern häufig geklickt, geteilt und kommentiert werden. Erst seit dem Aufkommen viraler Medien (vgl. Kap. 2.3) ist auch im Journalismus eine Debatte entstanden, welche Inhalte Medienunternehmen Reichweite bringen und wie diese dafür aufbereitet sein müssen. Zwar werden die Click-Bait-Angebote stark kritisiert – etwa als Klick-Diebe und als nicht-journalistische Produkte – doch Medienhäuser müssen zugeben, dass diese neuen Medien die Vermarktung von Inhalten perfektioniert haben (vgl. Knüwer 2014; vgl. Schulz 2014).

Dabei gibt es zwischen Werbemaßnahmen, klassisch-journalistischen und Click-Bait-Angeboten eine Schnittmenge in Bezug auf ihre Interessen: Alle wollen mit ihren Inhalten möglichst viele Nutzer erreichen. Und um Reichweite zu erzielen, sind virale Effekte ideal. Deshalb lohnt es sich, ihre Funktionsweise zu analysieren.

Eine umfassende Definition viraler Effekte, die auch auf die Medienwirtschaft übertragen werden kann, findet sich bei Eike Risto (2010: 8). Er lehnt sie an Erkenntnisse zur Funktionsweise biologischer und auch technischer Viren wie Computer-Viren an. Unter einem viralen Phänomen versteht er „eine Idee oder Information, die:

- schon bei flüchtigem Kontakt zwischen infiziertem Überträger und potenziellem Wirt ansteckend wirkt;

- sich mit rasanter Geschwindigkeit von Wirt zu Wirt überträgt;
- zu ihrer Ausbreitung nicht auf die aktive Steuerung durch eine Person oder Personengruppe angewiesen, also autark ist;
- bis zu ihrem ‚Ausbruch‘, der flächendeckenden Kenntnisnahme durch die Öffentlichkeit, weitestgehend unsichtbar bleibt;
- auch durch aktive Gegenmaßnahmen schwer zu unterdrücken ist;
- die Fähigkeit zur Anpassung, Weiterentwicklung oder Mutation in sozialen Kontexten besitzt".

Dabei kann jegliche computergestützte Kommunikation als Träger bzw. Wirt der Information dienen. Da den zitierten Quellen dieser Arbeit unterschiedliche Definitionen für virale Effekte zugrunde liegen, soll als kleinster gemeinsamer Nenner folgende Definition festgelegt werden: Unter viralen Phänomenen wird die virusartige Verbreitung von Nachrichten im Netz verstanden. Dazu bedarf es des Engagements von Nutzern, die Inhalte teilen und als Wirte dienen. Ist die Verbreitung bereits weit vorangeschritten, führt das im nächsten Schritt häufig zur Berichterstattung in Massenmedien, wodurch die Inhalte noch mehr Aufmerksamkeit erhalten.

4.2 Beispiele für die virale Verbreitung von Inhalten im Netz

Virale Phänomene können unterschiedlichen Ursprungs sein. Ein Lied, das zu Promotionszwecken auf YouTube hochgeladen wurde, kann sich viral verbreiten. Ebenso können Videos zu Werbezwecken oder von Nutzern über Nacht Berühmtheit erlangen. Auch journalistische Artikel können sich stark verbreiten. Ob die bisherigen Fälle jedoch schon als virale Verbreitung bezeichnet werden können, ist eine Frage der Definition. Denn den „Tipping Point" zu bestimmen, ist bei Massenmedien schwierig, da sie an sich schon Millionen Nutzer erreichen – ganz ohne virale Verbreitung. In der Berichterstattung über virale Phänomene scheint neben der Anzahl an Klicks die Schnelligkeit der Verbreitung von Bedeutung zu sein. So wird von Viralität gesprochen, wenn Inhalte innerhalb kürzester Zeit überdurchschnittlich viel Aufmerksamkeit erzeugen.

Virale Phänomene passieren tagtäglich. Als Best-Practice-Beispiel gilt in der Literatur der E-Mail-Provider Hotmail. In seinen Anfängen setzen die Gründer unter jede gesendete E-Mail automatisch den Satz „Get Your Private, Free E-Mail at http://www.hotmail.com". Durch diesen Kniff konnte Hotmail innerhalb von eineinhalb Jahren zwölf Millionen Nutzer gewinnen – und musste dafür weniger als 0,5 Million US-Dollar für Werbung ausgeben. Zum Vergleich: Ein

Print-Verlag hätte in der Zeit wohl etwa 100.000 Abonnenten gewinnen können (vgl. Tomczak/Kruthoff 2002).

Da sich das Internet mit seinen Sozialen Netzwerken und aktiven Nutzern stark weiterentwickelt hat, sollen nachfolgend vier weitere Beispiele genannt werden, die aus heutiger Sicht als besonders erfolgreich gelten. Sie enthalten eine Vielzahl an Faktoren, die – wie sich im weiteren Verlauf der Arbeit zeigen wird – die Viralität von Inhalten fördern.

1. *Shakira/Activia:* Der Song „La La La" ist laut der Social-Video-Marketing-Plattform Unruly das viralste Werbevideo aller Zeiten. Danone Activia startete die Kampagne „Dare to feel good" mit Shakira am 16. März 2014 gleichzeitig in über 50 Ländern weltweit. Dabei tanzt die Sängerin zu ihrer Single „La La La (Brazil 2014)", die sie für die Fußball-Weltmeisterschaft 2014 geschrieben hat. Gezeigt werden Menschen unterschiedlicher Nationen, die gemeinsam die Fußball-Weltmeisterschaft feiern. Der Bezug zu Activia entsteht durch einen auf Bäuche gemalten Smiley-Mund. Innerhalb von zwei Monaten erreichte der Spot 5.375.765 Shares und wurde damit das bisher am häufigsten geteilte Werbevideo. Damit verdrängte die Kampagne den kultigen VW-Spot, in dem ein Junge sich als Star-Wars-Bösewicht Darth Vader verkleidete und seinen Eltern seine Macht an dem VW Passat seines Vaters demonstrierte. VW ließ den Spot für den Super Bowl produzieren, dem Finale um die Meisterschaft im American Football, bei dem allein die Ausstrahlung von 30 Sekunden während der Spielunterbrechung rund vier Millionen US-Dollar kosten (vgl. Slavic 2014). Der Spot verbreitete sich im Netz so rasant, dass er auch in Deutschland im Fernsehen lief. Insgesamt 5.375.756 Menschen teilten ihn auf Facebook, auf Twitter und in Blogs bis Ende Juli 2014 (vgl. Waterhouse 2014).

2. *First Kiss:* Das Video „First Kiss" hat das Modelabel Wren bei der Künstlerin Tatia Pilieva in Auftrag gegeben. Darin küssen sich 20 gut aussehende Fremde zum ersten Mal vor laufender Kamera (und tragen dabei die Kleidung der Marke). Das Video verbreitete sich innerhalb eines Tages viral, bei YouTube wurde es in der kurzen Zeit etwa 24 Millionen Mal geklickt. Zahlreiche Medien berichteten über das Netzphänomen und über die Faszination, die es beim Betrachter auslöst. Kurze Zeit später veröffentlichten die Blogrebellen einen Bericht, dass das Video nicht authentisch sei (vgl. Giesler 2014). Was vielen Nutzern wohl nicht aufgefallen war, war die Einblendung „Wren presents" am Anfang des etwas mehr als dreiminütigen Films. Das Label scheint bei der Planung des Online-Spots einiges richtig gemacht zu haben, etwa passende Multiplikatoren für die Geschichte gefunden zu haben, sodass sogar Medien bereitwillig über die Werbekampagne berichte-

ten. Die Aufmerksamkeit ging so weit, dass die Schweizer Pendler-Zeitung 20 Minuten durch einen Aufruf 16 Leser suchte, die vor der Kamera freiwillig jemand Fremden küssten – sozusagen als authentischeres Pendant. Die Zeitung stellte das Video des Drehs online und berichtete darüber (vgl. Gründlers/Simon/Schäfli 2014) – ein weiterer Weg für Medienhäuser, mit viralen Phänomenen umzugehen und selbst mehr daraus zu machen als nur über sie zu berichten.

3. *Julia Engelmann:* Dass sich Videos ohne den Einsatz von Werbeagenturen aus unerklärlichen Gründen zu einem viralen Hit entwickeln können, zeigt das Beispiel von Julia Engelmann. Die Schauspielerin und Poetry-Slammerin trat 2013 mit ihrem Gedicht „One day/Reckoning" beim 5. Bielefelder Hörsaal-Slam auf. Darin plädiert sie dafür, das Leben bewusst zu leben. Eine Aufzeichnung postete das Campus TV am 1. Juli 2013 auf YouTube. Lange Zeit passierte nichts, bis sich das Video Anfang 2014 plötzlich virusartig im Netz verbreitete. Innerhalb einer Woche knackte es die Zwei-Millionen-Marke, inzwischen wurde der Auftritt bei YouTube 8.148.696 Mal angesehen (Stand: Juli 2015). Zahlreiche Medien berichteten über den Hit. Das Video polarisierte. Parodien wie die von Fernsehmoderator Jan Böhmermann entstanden (vgl. Huebner 2014). Engelmann tauchte erst einmal aufgrund des plötzlichen Interesses an ihrer Person ab. Der Erfolg jedoch dauerte an. Bei den Social-Media-News-Charts 10.000 Flies belegte ein Stern-Bericht über ihren Auftritt monatelang Platz eins und hielt sich fast ein Jahr lang als meistgeklickter und meistgeteilter Beitrag. Erst langsam folgten andere Themen, sodass er gegen Jahresende seine Nummer-eins-Platzierung aufgeben musste und erst auf Platz drei, später ganz verschwand (vgl. Schröder 2014a). Das Video hat Julia Engelmann jedoch zu so viel Bekanntheit verholfen, dass sie ihre Texte inzwischen als Buch herausgebracht hat. Für Medienunternehmen heißt das: Sie müssen nicht unbedingt selbst virale Inhalte produzieren. Greifen sie diese zum richtigen Zeitpunkt auf, können sie auch mit fremden Inhalten viel Reichweite erzielen.

4. *Zirkus-Elefant Tyke:* Eine Dokumentation über das Leben des Zirkus-Elefanten Tyke hat in den vergangenen zwölf Monaten in Sozialen Netzwerken am meisten Aufmerksamkeit auf sich gezogen (Stand November 2014). Das hat das Angebot 10.000 Flies durch die tägliche Auswertung der Social-Media-Resonanz auf Themen und Artikel in deutschsprachigen Online-Medien herausgefunden. Das Video wurde von der Tierschutzorganisaton PETA erstellt und zeigt, wie die afrikanische Elefantenkuh Tyke im Circus International of Honolulu für die Einübung ihrer Zirkusnummern gequält wird. Am 20. August 1994 tötet sie plötzlich in der Arena ihren

Trainer, flieht und wird mit etlichen Schüssen niedergestreckt. Erzählt wird die wahre Geschichte aus der Sicht der anderen Zirkustiere. Mit dem Film wollte die Organisation Unterschriften für eine Petition für ein deutschlandweites Verbot von Wildtieren im Zirkus erreichen. Veröffentlicht wurde die Geschichte über Tyke am 4. April 2014 auf Heftig.co.

Wie sich Inhalte viral verbreiten, interessiert besonders Werbe-Experten. Sie unterscheiden zwischen zwei Arten der Verbreitung – der anreizbasierten und der servicebasierten. Bei der anreizbasierten Verbreitung setzen die Werber auf Belohnungen dafür, dass Menschen die Nachrichten weiterleiten. Bei der servicebasierten Verbreitung teilen Menschen Inhalte ganz ohne externe Anreize. Die Motive dafür möchten Unternehmen gerne herausfinden. Denn diese Art der Verbreitung ist die kostengünstigste, die mit den geringsten Glaubwürdigkeitsverlusten einhergeht (vgl. Mau/Schulz/Silberer 2008: 22).

4.3 Erkenntnisse aus der interdisziplinären Forschung

Virale Phänomene sind für unterschiedliche Fachrichtungen von Interesse. Die Informatik interessiert sich dafür, wie sich Inhalte im Netz verbreiten und ob diese Strukturen vorhergesagt werden können. Durch die Soziologie sind Kommunikationsmodelle entstanden, mit denen das Online-Verhalten von Menschen erklärt werden kann. In der Psychologie wird untersucht, wie durch den Inhalt ausgelöste Emotionen, menschliche Motive und Persönlichkeitseigenschaften das Weiterleitungsverhalten beeinflussen.

Die Wirtschaftswissenschaften bündeln diese unterschiedlichen Forschungsinteressen, da für das Erreichen ihrer Ziele – zum Großteil öffentlichkeitswirksame Image- und Werbemaßnahmen – alle Faktoren wichtig sind. Von essenzieller Bedeutung für das virale Marketing ist die Evolutionstheorie, die eine Erklärung für die Verbreitung von Inhalten liefert. Neben den interdisziplinären Erkenntnissen greift der Fachbereich auf Praxiserfahrungen zurück (vgl. Langner 2009: 27). Im Folgenden soll zusammengetragen werden, wie Medienunternehmen ihre Arbeit optimieren können, um durch ihre Online-Angebote mehr Reichweite zu erzielen.

Virale Effekte entstehen durch ein Zusammenspiel unterschiedlicher Faktoren. Je nach Autor werden in der Literatur zwischen drei und fünf genannt. Grundlegend erforscht werden können Faktoren der Botschaft, der Quelle der Botschaft und des Konsumenten (vgl. Mau/Schulz/Silberer 2008: 22). Nicht explizit erwähnt werden bei dieser Aufteilung jedoch die Verbreitungsmechanismen, denen eine bedeutende Rolle im viralen Prozess zukommt. Deshalb differenzieren andere Autoren zwischen den Eigenschaften des Inhalts (bzw. Kampagnenguts), den Rahmenbedingungen (strukturelle und zeitliche Merkmale), den Weiterempfehlungsanreizen (Motive) und den Verbreitungsmechanismen (Netzwerkeigenschaften, das bewusste Streuen von Informationen und die Ansprache geeignete Nutzer), wobei die Benennung der Kategorien nicht einheitlich ist (vgl. Cheng et al. 2014; Langner 2009: 37). Justin Cheng et al. untersuchen zudem Merkmale der Quelle und der Person, die die Inhalte teilt (vgl. 2014).

Aufgrund der besseren Übertragbarkeit auf journalistische Inhalte werden die Erkenntnisse im Folgenden in drei Forschungsbereichen zusammengefasst: nutzerzentrierte Eigenschaften, Verbreitungsmechanismen und inhaltliche Faktoren.

Zunächst werden die *nutzerzentrierten Eigenschaften* thematisiert. Virale Effekte können erst durch Nutzer entstehen, die ohne externe Anreize Inhalte weiterleiten. Daher ist es wichtig, deren Motivation zu verstehen. Als wissenschaftliche Grundlage stehen verschiedene Theorien zur Verfügung. Aufschlussreich sind etwa die Theorie des überlegten Handelns und die Theorie des geplanten Handelns sowie das Modell zur Einstellung gegenüber Werbung (vgl. Huber/Lenzen/Daum 2012: 14ff.). Diese werden häufig zur Erklärung von Verhalten herangezogen. Für die Ausrichtung dieser Arbeit bieten sich motivationsbezogene Theorien jedoch besser an. Deren Nutzung liegt die Annahme zugrunde, dass das Weiterleiten von Inhalten Teil eines Kommunikationsprozesses ist. „The forwarding of electronic content can be viewed as part of a conversation and as a possible forum for interpersonal communication", schreiben Jason Ho und Melanie Dempsey (2010: 1001).

Um die Entstehung von viralen Effekten zu verstehen, scheinen Informationen darüber, warum Menschen kommunizieren, von essenzieller Bedeutung zu sein. Die bekanntesten Modelle, die von Forschern als wissenschaftliche Grundlage genutzt werden, sind das Modell der Motive interpersoneller Kommunikation, das aus der Theorie von Nutzen und Gratifikationen entwickelt wurde, und die Theorie Fundamental Interpersonal Relations Orientations, kurz FIRO, des amerikanischen Psychologen William Schulz (vgl. Huber/Lenzen/Daum 2012: 32ff.; vgl. Ho/Dempsey 2010: 1002ff.). Die Theorie von Nutzen und Gratifikationen besagt, dass Menschen Bedürfnisse haben, die sie versuchen, mit Hilfe von Medien zu befriedigen. In Abhängigkeit dieser Bedürfnisse ergäben sich zudem bestimmte Motive für die zwischenmenschliche Kommunikation (vgl. Huber/Lenzen/Daum 2012: 26ff.). Auch das FIRO-Konzept beschäftigt sich mit den Motiven. Es beschreibt drei Faktoren, die Menschen antreiben, miteinander zu sprechen: Einbeziehung (das Bedürfnis, zu einer Gruppe zu gehören und gleichzeitig einzigartig zu sein), Zuneigung (das Bedürfnis, Bewunderung oder Sorgen gegenüber anderen auszudrücken) und Kontrolle (das Bedürfnis, Macht in seinem sozialen Umfeld auszuüben) (vgl. ebd: 32ff.).

Weitere Motive haben R. B. Rubin, Carole A. Barbato und Elizabeth M. Perse (1988: 607ff.) erforscht. In ihrem Modell der interpersonellen Kommunikation zählen sie die Motive Vergnügen, Zuneigung, Einbeziehung, Flucht, Entspannung und Kontrolle auf. Dabei setzen sie diese in Bezug zu der Beziehung, die Menschen zu ihrem Kommunikationspartner haben. Je nach Bindung seien die Motive unterschiedlich stark ausgeprägt (vgl. ebd.). In Studien werden je nach Forschungsschwerpunkt nur einige der hier genannten Motive untersucht. Im Fokus des Interesses stehen bei Marketing-Experten besonders die Eigenschaften Altruismus, Individualität, persönliches Wachstum sowie Vergnügen und Eskapismus (vgl. Huber/Lenzen/Daum 2012: 39).

Ob diese Motive, warum Menschen kommunizieren, auch in die digitale Welt übertragbar sind, wurde in zahlreichen Studien untersucht. Das Interesse der Forscher gilt größtenteils dem Weiterleitungsverhalten bei Online-Werbespots oder Marketing-E-Mails. Schwierig bei der Darstellung der Ergebnisse ist, dass gleiche Phänomene je nach Forscherteam unterschiedlich benannt werden. Darauf, wie Motive der verschiedenen Studien zusammenhängen, wird daher ein besonderes Augenmerk gelegt. Laut Marketing-Professor Daniel Stenger ist das Gebiet der Motivforschung zudem noch nicht hinreichend untersucht worden (vgl. 2011: 10), deshalb können die Erkenntnisse lediglich als erste Orientierung gesehen werden.

Das Bedürfnis nach Individualität leben Nutzer gerne in Sozialen Netzwerken aus. Diese werden häufig zur Selbstdarstellung genutzt. Durch das Anlegen eines Profils haben Nutzer die Möglichkeit, sich eine Online-Identität zu erschaffen. Dazu nutzen sie auch externe Inhalte. So posten bzw. leiten Nutzer Inhalte weiter, mit denen sie selbst in Verbindung gebracht werden wollen. Zum Beispiel erhoffen sie sich, dass das Image einer Marke auf sie über geht, indem sie eine Verbindung zu sich herstellen. Des Weiteren wollen Nutzer durch das Posten von Inhalten ihre Einzigartigkeit herausstellen (vgl. u.a. Huber/Lenzen/Daum 2012: 103). Ho/Dempsey erforschten das Bedürfnis nach Individualität unter dem übergeordneten Motiv der Einbeziehung. Dabei fanden sie heraus, dass das Bedürfnis, sich selbst in einer Gruppe darzustellen, signifikant für das Weiterleitungsverhalten ist, der Wunsch, Teil einer Gruppe zu sein hingegen nicht.

Altruismus wirkt auf die Weiterleitungsabsicht von Online-Inhalten generell positiv, wie unter anderem Ho/Dempsey mit ihrer Erforschung des Motivs Zuneigung gezeigt haben, zu dem selbstloses Handeln gezählt werden kann. Demnach leiten Menschen Inhalte weiter – oder posten ihre Erfahrungen – um anderen zu helfen und dadurch Beziehungen zu pflegen (vgl. ebd. 2010: 1003; vgl. Huber/Lenzen/Daum 2012: 54; vgl. Langner). Für Online-Werbespots gilt das jedoch nach einer Studie von Maria Petrescu und Pradeep Korgaonkar nicht (vgl. Huber/Lenzen/Daum 2012: 54). Eine mögliche Erklärung, die die Autoren anführen ist, dass Online-Inhalte – zum Beispiel Nachrichten – häufig nützliche und hilfreiche Informationen beinhalten, wohingegen Werbespots eher unterhaltend sind und daher keine altruistischen Motive ansprechen (vgl. ebd.). Auch Huber/Lenzen/Daum konnten diese Erkenntnisse in einer Studie bestätigen (vgl. 2012: 125).

Persönliches Wachstum ist ein weiteres Motiv für Nutzer, warum sie Inhalte weiterleiten. Durch ihr Verhalten wollen sie Beziehungen pflegen, von denen sie persönlich profitieren können. So ist erforscht, dass Menschen soziale Beziehungen eingehen, „welche sich positiv auf den eigenen Werdegang und somit das persönliche Wachstum auswirken" (ebd.: 104). Huber/Lenzen/Daum nennen verschiedene Studien, denen zufolge Soziale Netzwerke genutzt werden, um Wachstumsmotive zu befriedigen. Dabei gehe es um „den gezielten Aufbau sozialen Kapitals" (ebd.: 105). Das Weiterleiten von Inhalten hilft Menschen dabei. Gleichzeitig können Nutzer egoistische Motive befriedigen, indem sie durch ihr Verhalten eine Online-Persönlichkeit aufbauen (vgl. Rixecker 2014; Stenger 2011: 8).

Sich auszutauschen und zu unterhalten bereitet Menschen Freude. Vergnügen wurde daher als Motiv von Wissenschaftlern untersucht (vgl. Huber/Lenzen/Daum 2012: 58; vgl. Langner 2009: 38). Für Online-Inhalte generell konnte es jedoch nicht bestätigt werden. Ein Grund für dieses Ergebnis könnte auch hier sein, dass Nachrichten wenig vergnüglich und unterhaltend sind und daher andere Motive eher zutreffen. Hingegen konnte gezeigt werden, dass das Motiv Vergnügen einen positiven Einfluss auf das Weiterleitungsverhalten von YouTube-Videos oder TV-Werbung hat. So ist es etwa für die Weiterleitung von E-Mails der bedeutendste Faktor (vgl. ebd.: 105; vgl. Mau et al. 2008: 22; vgl. Phelps et al. 2004: 343).

Ein Motiv, was von den Forschern für das Weiterleitungsverhalten von Inhalten bestätigt werden konnte, ist Eskapismus. Einigen Studien zufolge vertreiben sich Menschen gern die Zeit im Internet, um vor ihren eigentlichen Aufgaben zu flüchten (Huber/Lenzen/Daum 2012: 60). Insbesondere bei der Nutzung von Sozialen Netzwerken spielt es eine entscheidende Rolle. Auch das Teilen von Inhalten kommt dem Motiv entgegen (vgl. ebd.). Ein hoher Unterhaltungswert eignet sich dafür am besten (vgl. ebd.: 106).

Das Motiv Kontrolle wird in der FIRO-Theorie als einer der Gründe genannt, warum Menschen kommunizieren. Darunter versteht man das Bedürfnis von Menschen, im sozialen Umfeld Macht auszuüben, damit andere Personen die eigene Meinung annehmen. Das Motiv hat jedoch keinen Einfluss auf das

Weiterleitungsverhalten, wie Ho/Dempsey herausgefunden haben (vgl. 2010: 1003).

Das Wissen um Motive beim Weiterleitungsverhalten kann PR-Agenturen und Werbern helfen, um ihre Inhalte so zu konzipieren, dass sie die entsprechenden Bedürfnisse bedienen. Doch auch, wenn sie diese berücksichtigen, gibt es nur eine kleine Anzahl an Nutzern, die Inhalte überhaupt weiterleiten (vgl. 90-9-1-Formel von Jakob Nielsen in Kapitel 2.1). Eine zentrale Rolle für die Verbreitung spielt die Persönlichkeit und damit einhergehend das Online-Verhalten eben der Nutzer, die bereit sind, Inhalte weiterzuleiten.

Als grundlegende Persönlichkeitseigenschaft sind diese Nutzer Technik gegenüber aufgeschlossen und surfen häufig im Internet (vgl. Mau 2008: 22). Sie sehen sich selbst als innovativ und verfügen über eine hohe Zahl an Online-Kontakten. Zudem haben sie den Drang, sich selbst darzustellen und/oder hegen soziale Motive (vgl. Hennig-Thurau et al. 2004). Egoistische Charakterzüge zeigt Thales S. Teixeira in seiner Studie auf. Ebenso berichtet er, dass Extravertiertheit das Weiterleiten von Inhalten positiv beeinflusst. Das bestätigen auch Hung-Chang Chiu et al. (2007). Extravertiertheit und wenig Gewissenhaftigkeit würden das Weiterleitungsverhalten unterstützen, was dem Motiv Eskapismus entgegenkomme. Die Forscher merken zudem an, dass eine Person, die vom Charakter offener ist, häufig auch emotionaler, großzügiger und neugieriger ist und dadurch eher bereit, Inhalte weiter zu leiten (vgl. ebd.: 524ff.). Die wichtigste Komponente ist laut Huber/Lenzen/Daum jedoch die Einstellung gegenüber dem Inhalt. Sie entscheide am stärksten über das Weiterleitungsverhalten (vgl. 2012: 99).

Gründe, warum Menschen Inhalte nicht weiterleiten, wurden auch erforscht. Stenger nennt soziale Normen, Angst vor negativen Konsequenzen und Stress als mögliche Faktoren (vgl. 2011: 162). Das zeigt: Eher ängstliche Menschen gehören nicht zu den Nutzern, die Unternehmen bei der Verbreitung von Botschaften behilflich sein können.

Für den idealen Nutzer, der sich gern im Netz bewegt und Unternehmen bei der Verbreitung von Botschaften hilft – aus welchen Motiven auch immer – haben sich unterschiedliche Bezeichnungen etabliert. In der Literatur finden sich Begriffe wie „E-Mavens", „Internet-Mavens", „Market-Mavens" oder „Viral Mavens" (vgl. Ho/Dempsey 2010: 1000). Übersetzt sind diese Nutzer schlicht Experten auf einem Gebiet und sind durch ihre Persönlichkeitseigenschaften freiwillig dazu bereit, Inhalte online zu teilen. Sie können als **„Influentials"** (oder „Influencer"), also einflussreiche Menschen, bezeichnet werden, die eine Reihe von Eigenschaften vereinen: Sie sind technikaffin, haben viele soziale Kontakte, sind mobil, neugierig, kommunizieren gern, mögen Informationsmedien und sind in ihrem sozialen Umfeld angesehen (vgl. Clement/Schreiber 2013: 438).

Die *Verbreitungsmechanismen* sind ein weiterer bedeutender Faktor. Damit sich eine Nachricht viral verbreitet, bedarf es des Zusammenspiels unterschiedlicher Nutzertypen. Denn je heterogener ein Netzwerk ist, desto schneller und stärker verbreiten sich Inhalte (vgl. Lee/Lee/Lee 2009: 545). Viele Studien greifen bei der Erklärung, wie sich Inhalte verbreiten, auf Netzwerktheorien zurück. Diese bauen auf der Vorstellung auf, dass Netzwerke aus Verbindungen und Knotenpunkten zwischen Menschen bestehen. Die Verbindungen zwischen einzelnen Menschen können dabei schwach oder stark sein, sie werden „weak ties" oder „strong ties" genannt. Studien haben gezeigt, dass eine Zusammensetzung aus schwachen und starken Beziehungen – also aus Menschen, die sich sehr nahe stehen, und Bekannten – am besten für die reichweitenstarke Verbreitung von Inhalten geeignet ist. Denn je heterogener ein Netzwerk ist, desto schneller verbreitet sich eine Nachricht. Zudem haben die Studien ergeben, dass die „Influentials", die viel Viralität erzeugen, miteinander verbunden sind (vgl. ebd.; vgl. Clement/Schreiber 2013: 398; vgl. Stenger 2011: 53).

In seinem Buch „Tipping Point. Wie kleine Dinge Großes bewirken" teilt Malcolm Gladwell Menschen in drei Gruppen auf, deren Zusammenspiel nötig ist, um Viralität zu erzeugen: in Vermittler, Kenner und Verkäufer (vgl. 2002). Sie sind wie zuvor beschrieben durch ein Netzwerk miteinander verbunden, Gladwell beschäftigt sich jedoch nicht mit den Beziehungen zwischen den Menschen, sondern mit ihren Fähigkeiten. Dabei geht es um die Frage, wie diese Menschen das Internet nutzen. Vermittler etwa verfügen über viele lose Kontakte, die sie gut pflegen (vgl. Langner 2009: 21). Sie ergreifen nicht unbedingt die Initiative, können jedoch laut den Wirtschaftswissenschaftlern Reiner Clement und Dirk Schreiber als „sozialer Klebstoff der Gesellschaft" betrachtet werden (2013: 438). Kenner sind Experten auf ihrem Gebiet. Sie sind es meist, die Inhalte zuerst posten. Verkäufer greifen diese Posts dann auf. Sie besitzen die Fähigkeit, „andere Personen von einer Botschaft zu überzeugen und zum Handeln zu bewegen" (Langner 2009: 21).

Wichtig ist die Interaktion der Gruppen. Denn dadurch entsteht ein Netzwerk, das Menschen vereint, die sowohl Kontakte haben, zu denen sie starke Bindungen haben, als auch solche zu denen sie schwache Bindungen haben. Nur diese Heterogenität kann einer Nachricht zu einer hohen Reichweite verhelfen, da dadurch unterschiedliche Bekannten- und Freundeskreise miteinander verknüpft werden und Nachrichten netzwerkübergreifend weitergegeben werden können (vgl. ebd.). Wer eine Nachricht verbreiten will, muss demnach herausfinden, wer in seinem Bereich zu den Experten gehört, die die Nachricht streuen können. Denn Inhalte von Freunden, Bekannten oder Kollegen werden als glaubwürdiger wahrgenommen als die von Unternehmen (vgl. Mau 2008: 22). Wie sich Inhalte verbreiten, kann jedoch nicht nur soziologisch, sondern auch mit Hilfe der Evolutionstheorie erklärt werden. Für Marketing-Experten bildet die Mem-Theorie des britischen Biologen Richard Dawkins die Grundlage für die Erklärung von „Marketing-Epidemien" (Langner 2009: 20). Langner nennt es ein „Evolutionsmodell der Informationsübertragung [...], das die Ausbreitung von sozialen ‚Epidemien' die zu Moden, Trends und Gerüchten führen, erklärbar macht" (ebd.: 22). Sie baut auf Charles Darwins Sichtweise der Evolution auf. Er übertrug das Prinzip, dass die stärksten Gene sich durchsetzen, auf die Kultur. Das Äquivalent zum Gen ist das Mem. Es ist nach Sascha Langner eine Informationseinheit oder ein Gedanke, der so infizierend ist, dass er Menschen dazu bringt, ihn weiterzugeben (vgl. ebd.: 20). Das Mem vermehrt sich durch die menschliche Fähigkeit zur Imitation. Dadurch werden „Verhaltensmuster, Normen, Ideen, Werte, religiöse Motive, Melodien, Moden oder Sprichwörter weitergegeben und entwickeln ein Eigenleben" (ebd.). Das Imitationsverhalten legen Menschen der Theorie zufolge an den Tag, da die Welt zu komplex ist, um alles darin ständig zu hinterfragen. Deshalb orientieren wir uns an unseren Mitmenschen. Nicht alle Meme verbreiten sich jedoch viral – das liegt der Theorie zufolge an der natürlichen Selektion (vgl. ebd.).

Als dritter Aspekt spielen *inhaltliche Faktoren* eine bedeutende Rolle. Studien haben unterschiedliche inhaltliche Faktoren und Charakteristika extrahiert, die als nützlich für die virale Verbreitung von Inhalten angesehen werden können. Die Erkenntnisse stammen aus der Erforschung des Weiterleitungsverhaltens von E-Mails, von Online-Content im Generellen sowie aus der Analyse viraler Videos.

Zwei Faktoren werden von vielen Autoren erwähnt: Unterhaltung und Nützlichkeit. Hennig-Thurau et al. (2004) fanden bei ihrer Untersuchung von Online-Meinungsportalen heraus, dass Nachrichten eher weitergeleitet werden, wenn sie nützlich sind. Huber/Lenzen/Daum (2012: 99) bestätigen das für Werbespots, Chiu et al. (2007) für E-Mails. Sie ergänzen zudem den Faktor Unterhaltung. Demnach leiten Menschen gern Inhalte weiter, von denen sie denken, dass andere sie lustig oder unterhaltend finden und wenn sie auch einen nützlichen Aspekt haben. Die Studie von Mau et al. hingegen zeigt, dass für die Weiterleitung von E-Mails deren Inhalt lediglich unterhaltend sein kann und ein Nutzen nicht unbedingt notwendig ist (vgl. 2008: 28). Neben der Nützlichkeit wirkt sich auch die Neuartigkeit der Botschaft signifikant auf das Weiterleitungsverhalten aus, so Huber/Lenzen/Daum (vgl. 2012: 121). Das Forscherteam bestätigt auch, dass der Faktor Unterhaltung sich signifikant auf die Weiterleitungsabsicht auswirkt (vgl. ebd.: 121ff.). Um das zu erreichen, werden gern komödiantische Gewalt, Humor und positive Emotionen eingesetzt (vgl. ebd.: 121). Auch Witze und Erotik ermuntern Nutzer, Inhalte weiterzuverbreiten.

Phelps et al. fanden heraus, dass Nutzer E-Mails am liebsten weiterleiteten, wenn sie damit eine gute Tat vollbringen konnten (hier findet sich das Motiv Altruismus wieder) (vgl. 2004: 342). Im Ranking der beliebtesten Weiterleitungs-Inhalte belegen Nacktbilder allerdings direkt dahinter Platz zwei. Männer-Frauen-Witze sowie Witze über die Arbeit oder Computer finden sich auf den Plätzen drei und vier (vgl. ebd.). Für virale Werbevideos ist Petrescu zufolge der Humor eines Videos das erfolgreichste Charakteristikum (vgl. 2012: 138). Lance Porter und Guy J. Golan berichten nach einer Untersuchung von Werbespots, dass besonders sexuelle, humorvolle und auch gewalttätige Inhalte gerne geteilt werden (vgl. 2006: 30ff.).

Emotionen sind ein weiterer Faktor, der Viralität erzeugen kann. Phelps et al. empfehlen: „Message developers should note that messages that spark strong emotion – humor, fear, sadness, or inspiration – are likely to be forwarded. They should consider crafting messages consistent with those particularly viral strains that are most appropriate to their cause" (2004: 345).

Spaß und Überraschung sind die Emotionen, die sehr stark auf das Weiterleitungsverhalten von Werbevideos wirken. Davon berichten unter anderem Hans Bauer et al. (2007) und Teixeira (2012). Starke negative Emotionen wie Schock hingegen werden laut Teixeira zwar gern von Nutzern angeschaut, aber nicht gern geteilt.

Die genannten Charakteristika können nicht nur direkt, sondern auch indirekt das Weiterleitungsverhalten beeinflussen. Hat ein Nutzer zum Beispiel Freude daran, einen Text zu lesen, kann das seine Einstellung gegenüber dem Inhalt positiv beeinflussen. Und hat ein Nutzer eine positive Einstellung gegenüber einem Inhalt, wird er diesen eher weiterleiten, als wenn er ihn kritisch sieht (vgl. Huber/Lenzen/Daum 2012: 121). Generell empfehlen die Autoren für die Konzipierung von Werbespots, möglichst viele der genannten Charakteristika zu integrieren, die sich positiv auf das Weiterleitungsverhalten auswirken (vgl. ebd.).

Überträgt man die erarbeiteten Erkenntnisse auf die in Kapitel 4.2 genannten Beispiele, zeigt sich, dass diese eine Vielzahl inhaltlicher Charakteristika vereinen. So unterhält die Werbung von Activia dadurch, dass nicht einfach nur eine Werbebotschaft vermittelt wird, sondern ein Song der Sängerin Shakira genutzt wird. Diese tanzt zudem mit viel Hüftschwung, was den Faktor Erotik mit einbezieht. Starke Emotionen werden durch die Verbindung zur Fußballweltmeisterschaft und dem Aufruf zum gemeinsamen friedlichen Feiern ausgelöst. Der inhaltliche Bezug zur Party kann als Faktor Spaß gewertet werden.

Das Werbevideo First Kiss vereint ebenfalls eine Vielzahl an Faktoren. So verbindet es mit dem Thema, fremde Menschen bei ihrem ersten gemeinsamen Kuss zu zeigen, vorwiegend die Charakteristika Erotik, Emotionen und Unterhaltung. Der Spot spielt mit der Faszination, die intime Bilder auslösen. Durch den Verlauf der Geschichte – die Fremden lernen sich kennen, geben sich die Hand, stellen sich vor, wagen den ersten zaghaften Kuss – erlebt der Zuschauer das Geschehen hautnah mit und kann sich in die Situation hineinversetzen. Dadurch werden Emotionen nicht nur auf dem Bildschirm gezeigt, sondern zusätzlich beim Zuschauer ausgelöst. Auch den Faktor Überraschung kann der Spot durch den Spannungsbogen bedienen – denn für den Betrachter ist nicht klar, wie sich die Situationen entwickeln werden. Zuletzt macht es auch Spaß, den fremden Menschen zuzuschauen.

Der Auftritt von Julia Engelmann kann als unterhaltend und nützlich betrachtet werden. Unterhaltend, weil es ein Gedicht ist, das bei einem Poetry Slam zu eben diesem Zweck aufgeführt wurde. Nützlich, da es anscheinend eine Vielzahl von Menschen inhaltlich angesprochen hat und zu einem bewussteren Leben verhelfen soll. Das zeigt sich nicht nur in der Häufigkeit, mit der das Video geteilt wurde, sondern auch in der Tatsache, dass darüber kontrovers diskutiert wurde. Der Faktor Witz ist eher unbedeutend, da er nur in teils ironisch-witzigen Teilen des Gedichtes wiederzufinden ist. Deutlich ist jedoch, dass der Inhalt starke Emotionen – positive wie negative – ausgelöst hat. Somit sind die Faktoren Unterhaltung, Nützlichkeit und Emotionen wahrscheinlich ausschlaggebend für den Erfolg gewesen.

Auch das Video über den Zirkuselefanten Tyke zeigt einige der inhaltlichen Faktoren auf. Da der Spot der Tierschutzorganisation wie eine Dokumentation gedreht ist, greift der Faktor Unterhaltung. Des Weiteren werden durch die Vermenschlichung der Zirkustiere – sie können als Interviewpartner sprechen – und durch die traurige Geschichte an sich starke Emotionen ausgelöst. Das Leben und die Qualen des Zirkuselefanten werden so beschrieben, dass der Ausgang der Geschichte lange unklar bleibt. Durch diesen Spannungsbogen kommt auch der Faktor Überraschung zum Tragen.

4.4 Erkenntnisse aus der Analyse klassischer und viraler Medien

Das Wissen darüber, wie Menschen Soziale Netzwerke nutzen, ist für Medienunternehmen entscheidend für ihren Erfolg. Denn Reichweite – gemessen an Visits, Klicks und Shares – ist die Währung im Netz. „It's going to be even more important than it is today to have the most shareable, most accessible content on your Facebook page, because that's what will catch the attention of the human curators and editors", beschreibt Liz Heron, ehemalige Redakteurin für aufkommende Medien beim Wall Street Journal, die Bedeutung einer digitaler Strategie von Verlagen (Edge 2014).

Medienunternehmen versuchen daher herauszufinden, welche Strategie sie in Sozialen Netzwerken verfolgen müssen, um möglichst viele Nutzer zu erreichen. Wie in Kapitel 3.4 beschrieben, können Soziale Medien im Journalismus auf verschiedenste Weise genutzt werden. In dem folgenden Kapitel soll jedoch aufgrund der Ausrichtung der Arbeit lediglich analysiert werden, welche Einflussfaktoren die Reichweite erhöhen. Dabei stellen sich folgende zentrale Fragen: Welche Inhalte sind bei Nutzern beliebt? Wie müssen diese in Sozialen Netzwerken aufbereitet sein, damit sie gelesen und geteilt werden? Und welche Erkenntnisse bestehen in Bezug auf die Verbreitung von journalistischen Inhalten?

Literatur zum Einsatz von Social Media in der deutschen Verlagsbranche gibt es nur wenig. Am ehesten helfen die Werke „Social Media als Herausforderung für Zeitungsverlage" von Christian Hoffmeister (vgl. 2011) und „Social Media für Verlage und Zeitungen" von Andreas Moring (vgl. 2014). Hoffmeister macht klar, dass Soziale Netzwerke von den Verlagen strategische Entscheidungen verlangen sowie neue Produkte und Services (vgl. 2011: 5). Moring stellt in seiner Veröffentlichung fest, dass viele Verlage jedoch in Sozialen Medien Kommunikationsstrategien nutzen, die auf ein Sender-Empfänger-Verständnis aus dem Printjournalismus aufbauen. Das habe jedoch mit Kommunikation im Web 2.0 nichts zu tun. Um eine angemessene Strategie entwickeln zu können, müssten die Bedürfnisse der Zielgruppen erforscht werden und dürfen nicht ungeprüft mit denen der Print-Leser gleichgesetzt werden. Zudem dürften Themen nicht aus Gewohnheit oder reinem Bauchgefühl heraus gewählt werden, da das fatale Konsequenzen hätte (vgl. 2014: 131). Denn für erfolgreiche redaktionelle Inhalte würden dieselben Regeln gelten wie für erfolgreiches Social-Media-Marketing:

> „Nur wer seine Kunden kennt, ihre Gewohnheiten und Bedürfnisse studiert, sich in ihren Alltag versetzen und diesen verstehen kann und ihnen zuerst zuhört, der kann auch in Sozialen Netzwerken Reichweite und Glaubwürdigkeit aufbauen und diese dann für eigene Produkte, Dienste und Geschäfte nutzen." (ebd.)

Generelle Erkenntnisse zur erfolgreichen Reichweitengewinnung bieten die beiden Werke jedoch nicht. Studien dazu gibt es vor allem mit Fokus auf amerikanische Medien. Die wohl umfassendste und für den Journalismus bedeutendste stammt vom Marketing- und Digital-Experten Noah Kagan, der mit Hilfe einer Software über 100 Millionen Artikel analysiert hat (vgl. 2014).

Für effiziente Arbeitsabläufe in Redaktionen sind solche Studien wichtig. Denn es scheint, als ob die Strategien vieler Verlage allein auf Erfahrungswerten aufbauen würden, die sie anhand von Tools zur Reichweitenmessung gewonnen haben. Ein solches Vorgehen kostet jedoch einerseits viel Zeit. Andererseits werden die einzelnen Faktoren, die zu Erfolg oder Misserfolg von Inhalten führen, nicht einzeln evaluiert. Wo das Zeitungswesen Jahrhunderte Zeit hatte, um Standards zu entwickeln, ist das Zeitfenster in Sozialen Netzwerken durch die schnelle und stetige Weiterentwicklung kleiner. Die Erkenntnisse zur Generierung hoher Reichweiten unter Berücksichtigung von Faktoren des Inhalts, der Aufbereitung/Form und der Verbreitung sollen in diesem Kapitel zusammengetragen werden.

Zunächst zu den *Faktoren des Inhalts*. Generell herrscht in vielen Redaktionen die Meinung, dass hohe Reichweiten vor allem mit nicht-journalistischen Inhalten generiert werden können, die vorwiegend unterhalten: Bildergalerien von Promis, Videos von quirligen Katzen, die Blödsinn machen – oder auch Listen wie „Die zehn besten Tipps, um Bauchfett zu verlieren" (vgl. Kaufman 2013). Die Beliebtheit von derart leicht zu konsumierenden Inhalten lässt sich auch wissenschaftlich belegen. Das Pew Research Center befragte 1.429 amerikanische Facebook-Nutzer, welche Inhalte sie dort lesen (vgl. Anderson/Caumont 2013). Von den vorgegebenen Kategorien war Unterhaltung (73 Prozent) am beliebtesten, gefolgt von Klatsch und Tratsch (65 Prozent), Sport (57 Prozent), US-Politik (55 Prozent), Gesundheit (46 Prozent), Lokalpolitik (44 Prozent), Wetter & Stau (42 Prozent), Internationalen Nachrichten (39 Prozent), Wissenschaft & Technologie (37 Prozent) und Wirtschaft (31 Prozent).

Die Analyse der am häufigsten geteilten Facebook-Artikel des Jahres 2011 zeigt ein ähnliches Bild. Unter den Top Zehn kann lediglich einer als klassisch journalistisch gewertet werden, alle anderen fallen in den Bereich des Infotainments. Der journalistische Artikel hat es jedoch auf den ersten Platz geschafft. Es sind Satellitenfotos von Japan – vor und nach dem Erdbeben und dem Tsunami, veröffentlicht von der New York Times. Platz zwei belegt ein Artikel von CNN: „Was Lehrer Eltern wirklich sagen wollen". Des Weiteren finden sich unter den besten Zehn zwei Artikel über Sternzeichen, einer über eine neue Facebook-Version, eine Modekolumne, ein Video von einem Vater-Tochter-Tanz, sowie drei Tier-Geschichten (vgl. Facebook 2011).

Auch die Top-Zehn-Platzierungen der New York Times für das Jahr 2013 bestätigen die Vorliebe von Nutzern für unterhaltende Inhalte. Am häufigsten geteilt wurde ein Dialekt-Quiz – und das, obwohl es erst elf Tage vor dem Jahresende veröffentlicht wurde. Daneben finden sich vier Artikel zu aktueller Berichterstattung (drei zu den Bombenanschlägen beim Boston-Marathon, einer zur Papst-Wahl), zwei Gesundheitsgeschichten („Fit in sieben Minuten" und „Sucht-

faktor Junk Food") sowie zwei Promi-Geschichten (Angelina Jolies Brustampu-
tation und ein Gastkommentar von Wladimir Putin zum Syrien-Konflikt) (vgl.
Meyer 2014).
Derartige Veröffentlichungen geben erste Hinweise auf das Nutzerverhalten in
Sozialen Netzwerken, doch erst durch die Analyse einer Vielzahl von Artikeln
können Faktoren extrahiert werden, die allgemein die Viralität von Inhalten
fördern.
    Einige Studien zeigen auf, dass Emotionen ein Schlüssel zu viralen Inhalten
sind. Während Inhalte, die positive Emotionen auslösen, am häufigsten geteilt
werden, haben die, die negative Emotionen auslösen, keinen so starken Effekt
auf die Viralität. Jedoch sind sie immer noch besser als neutrale Inhalte, die
keine Emotionen transportieren (vgl. Berger/Milkmann 2012; vgl. Guadagno
2013; vgl. Jaffe 2014; vgl. Kagan 2014). Das zeigt etwa eine Analyse von 10.000
geteilten Artikeln. Demnach verleiten die Emotionen Ehrfurcht (25 Prozent),
Gelächter (17 Prozent), Belustigung (15 Prozent) und Freude (14 Prozent) am
stärksten dazu, Inhalte weiterzuleiten. Empathie (6 Prozent) und Überraschung
(2 Prozent) schneiden nicht gut ab, ebenso die negativen Emotionen Ärger (6
Prozent) und Trauer (1 Prozent) (vgl. Kagan 2014; vgl. *Abb.3*).

Abbildung 3: Emotionen in häufig geteilten Artikeln

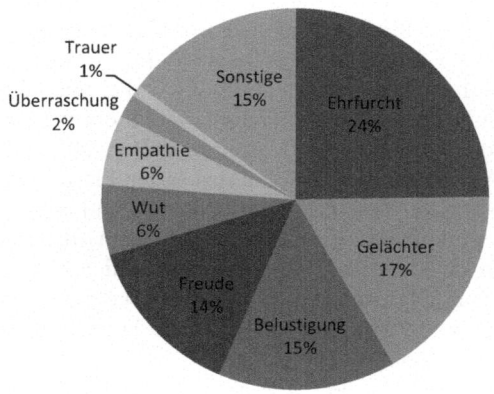

Quelle: Eigene Darstellung nach Kagan 2014

Jonah Berger und Katherine Milkman fanden in einer Untersuchung von 7.000
Artikeln der New York Times zudem heraus, dass neben der Einteilung in posi-

tive und negative Emotionen ein weiterer Faktor ausschlaggebend ist: Nach ihrer Untersuchung kommt es darauf an, wie starke innere Erregungszustände Emotionen hervorrufen. Gefühle, die uns in Bewegung versetzen, zum Beispiel Furcht, Wut und Angst, sorgen demnach für eine stärkere virale Verbreitung als Emotionen wie Trauer, die eher dafür sorgen, dass wir uns zurückziehen (vgl. 2012). Wissenschaftler erklären sich das Verhalten mit der Theorie, dass Emotionen ansteckend sind, und uns innere Erregung dazu bringt, Inhalte weiterzuleiten (vgl. Guadagno 2013). Ein Blick in die Geschichte zeigt, dass Menschen emotionale Geschichten und Erlebnisse schon immer geteilt haben, zum Beispiel mit dem Ziel, innere Anspannungszustände zu reduzieren (vgl. Stenger 2011: 160ff.). Laut der Sozialpsychologin Rosanna Guagano ist es zudem das sozial angemessene Verhalten, „to engage in the same actions as that of the people — either physically or virtually" (2013).

Dass dafür nicht zwingend Emotionen notwendig sind, sondern es lediglich um die körperliche Erregtheit geht, fand Katherine Milkman in einer weiteren Studie heraus. Dazu ließ sie einen Teil ihrer Testpersonen joggen und den anderen still sitzen, bevor sie ihnen einen neutralen Artikel zum Lesen gab. Das Ergebnis: Von den Teilnehmern, die sich vorher bewegt hatten, hätten drei Viertel den Artikel weitergeleitet. Von der sitzenden Gruppe nur ein Drittel (vgl. Jaffe 2014).

Die Erkenntnisse zur Wirkung von emotionalen Artikeln stimmen mit denen aus Traffic-Auswertungen von Medienunternehmen überein (vgl. Jaffe 2014). Liz Heron, ehemalige Redakteurin für aufkommende Medien beim Wall Street Journal, ergänzt, dass neben emotionalen Inhalten ein „Human Touch" bei Geschichten hilfreich für eine reichweitenstarke Verbreitung ist (vgl. Edge 2014).

Auch Inhalte, die polarisieren, haben eine stärkere Chance, häufig geteilt zu werden. Denn Kontroversen bedienen das Bedürfnis von Nutzern nach Individualität und Selbstdarstellung bzw. Formung einer Online-Persönlichkeit. Teilen sie Artikel mit einer klaren Haltung zu einem Thema, zeigen sie ihren Freunden und Bekannten, wie sie dazu stehen (vgl. Kagan 2014). Der BuzzFeed Senior Video Producer Andrew Gauthier empfiehlt daher, Themen zu setzen, die Diskussionen anregen können. Seiner Erfahrung nach ist es zudem wichtig, dass ein Thema inspiriert und Raum für eigene Gedanken lässt (vgl. Disselhoff 2014). Auch die Thematisierung von Tabus eigne sich für virale Effekte, schreibt Medienjournalist Stefan Winterbauer. Als Beispiel nennt er ein Listicle über 13 Facebook-Posts, die ein Chef nicht sehen dürfte (vgl. 2014).

Ein weiterer Aspekt, der insbesondere bei der viralen Verbreitung von Videos unterstützend wirken kann, ist ein universeller Charakter. Kann ein Video auch ohne Sprache verstanden werden, hat es mehr Potenzial, von einer breiten

Masse konsumiert zu werden, so Gauthier. Inhaltlich biete es sich an, ein Thema nicht im Ganzen zu behandeln, sondern einen Aspekt heraus zu greifen, der als Symbol oder Metapher für etwas Größeres stehen könnte (vgl. Disselhoff 2014). *Faktoren der Aufbereitung/Form* sind ebenso wichtig für die Bedeutung wie emotionale Inhalte. Dabei geht es um Formalien ebenso wie um das Texten von Überschriften, Teasern und Posts.

Generell verbreiten sich längere Inhalte besser als kurze. Kagan hat anhand von 100 Millionen Artikeln untersucht, dass Inhalte mit einer Länge von 3.000 bis 10.000 Wörtern doppelt so häufig weitergeleitet werden, wie solche mit 0 bis 1000 Wörtern. Er schließt daraus, dass – obwohl Menschen gerne unterhaltende Inhalte konsumieren – besonders viel Potenzial in langen, intellektuellen Stücken liegt. Daher empfiehlt er Journalisten, sich auf diese zu spezialisieren. Zudem herrsche auf dem Gebiet auch weniger Konkurrenz (vgl. 2014).

Neben der Länge der Stücke ist auch die Struktur entscheidend. Sie sollte so aufgebaut sein, dass sie sich zum schnellen Überfliegen eignet. Für Heron ist beim Wall Street Journal der Maßstab, dass Inhalte nicht nur zum Lesen, sondern auch zum Teilen produziert werden. So helfe es Nutzern, genau zu wissen, was sie in einer Geschichte erwartet. Für einen Beitrag über die am häufigsten bereisten Städte zählte das Social-Media-Team die Städte auf Facebook zum Beispiel extra auf, sodass die Kerninformation sofort sichtbar war. „I think the more you give people a taste of what they're going to get and what you want them to talk about, the more they will talk about it", beschreibt Heron die Strategie (Edge 2014). Um herauszufinden, was funktioniere, sei es wichtig, mit verschiedenen Formaten zu experimentieren.

Eine bereits bewährte Form ist das Schreiben von Artikeln in Listen-Form, Listicles genannt. Sie funktionieren, solange sie eine Geschichte erzählen und einen genauen Handlungsrahmen abstecken. BuzzFeed hat diese Form des Geschichtenerzählens perfektioniert. Ein Großteil der Artikel sind auf der Seite in Listen-Form (und mit unterhaltend-emotionalen Inhalten gefüllt), wie „26 Tiere, die zum ersten Mal Schnee sehen". Listen mit zehn Punkten sind dabei am beliebtesten. Sie werden vier Mal so häufig geteilt, wie Listen mit 23 Punkten, die den zweiten Platz auf der Beliebtheitsskala belegen (vgl. Disselhoff 2014; vgl. Kagan 2014).

Eine ebenfalls beliebte Form ist das Quiz. Der erfolgreichste Artikel der New York Times war 2013 mit 21 Millionen Seitenabrufen ein Dialekt-Quiz. Das Zeitungshaus will daher derartige Angebote standardisieren (vgl. The New York Times 2014: 36). Auch BuzzFeed setzt verstärkt auf die Frage-Antwort-Spiele. Ihre Popularität kann in Zahlen festgehalten werden: Acht von zehn der am häufigsten geteilten Inhalte sind laut der zuvor genannten Studie Quiz (vgl. Kagan 2014). Kagan nennt narzisstische Persönlichkeitszüge als möglichen

Grund. Die Form eignete sich besonders gut, um das eigene Ego zu puschen, sich zu profilieren und um vor anderen intelligent zu wirken (vgl. ebd.). In deutschsprachigen Medien haben Spiegel Online und Zeit Online Frage-Antwort-Spiele in ihre Berichterstattung integriert. Spiegel Online hat dafür eine Themenseite eingerichtet. In Angeboten wie dem Formel-1-Quiz oder dem Oktoberfest-Quiz wird spielerisch Wissen vermittelt. Einige Themen können jedoch nicht nur als Unterhaltung betrachtet werden, sondern auch als Form informativen Journalismus, etwa ein Quiz zur politischen Einflussnahme von Lobbyisten. Konkurrent Zeit Online bietet regelmäßig ein Quiz zu verschiedenen Studienfachrichtungen und einen täglichen Wissenstest zum aktuellen Zeitgeschehen an.

Ein weiteres Element, das gern von Nutzern geteilt wird, sind Infografiken. Kagan hat verschiedene Content-Formen untersucht und herausgefunden, dass Infografiken und auch Listen überdurchschnittlich häufig geteilt werden. Videos dagegen eher unterdurchschnittlich. Er führt das darauf zurück, dass Infografiken übersichtlich gestaltet sind und auch komplexe Informationen schnell zu verstehen sind (vgl. 2014). Die aus dem Print bekannten Elemente, um Texte aufzulockern – etwa das Einfügen von Zwischenzeilen, Zitaten oder visuellen Elementen – kann online ebenfalls helfen, einem Text mehr Struktur und Überblick zu verleihen.

Für die reichweitenstarke Verbreitung von Inhalten sind auch visuelle Elemente wichtig. Artikel mit mindestens einem Foto werden doppelt so häufig geteilt, wie Artikel ohne Foto, zeigt die Analyse von Kagan. Liz Heron setzt diese Erkenntnis bereits im Redaktionsalltag um (Edge 2014): „We often put photos and charts directly into tweets, and almost everything we post on Facebook has an image." Beim Wall Street Journal habe man den Gedanken verinnerlicht, dass es ein perfektes Foto oder die perfekte Grafik brauche, damit ein Artikel bei Facebook funktioniere. Das sei nicht optional, sondern zwingend erforderlich. Diese Haltung sei zudem bedeutend für das Wachstum der Social-Media-Community gewesen. Durch den Trend hin zur Visualisierung und die verstärkte mobile Nutzung der Seite würde außerdem die Einbindung von Instagram-Videos erprobt (vgl. ebd.).

Nachrichtliche Videos jedoch haben laut Kagan keine so guten Chancen, häufig geteilt zu werden. Die Share-Werte für diese Form liegen unter dem Durchschnitt (vgl. 2014). Moring schließt sich diesen Erkenntnissen an. Während Bilder und Fotogalerien von Nutzern gern geteilt würden, wären Videos und Links zu dem Zweck weniger beliebt (vgl. 2014: 131).

Der Post, der Nutzer zu einem Klick verleiten soll, sollte – im Gegensatz zum dahinter liegenden Artikel – nicht zu lang sein. Heron spricht von gut verdaulichen Posts. Besonders unter Berücksichtigung mobiler Nutzer und kompakter Bildschirme sollten Teaser eher kurz gehalten werden (vgl. Edge 2014).

Moring rät aus demselben Grund zu einer Länge von nicht mehr als vier Zeilen (vgl. 2014: 131).

Auch die Glaubwürdigkeit spielt bei der Weiterleitung von Inhalten eine Rolle. So werden Inhalte bei vielen Sozialen Netzwerken häufiger geteilt, wenn der Autor bekannt ist. Nur für Facebook konnte der Zusammenhang nicht festgestellt werden. Dennoch können Medienunternehmen das Vertrauen von Nutzern in ihre Inhalte generell erhöhen – und damit auch häufig die Anzahl an Shares – wenn sie die Artikel mit Autorennamen und Kurzbiografien versehen (vgl. 2014).

Mit dem Aufkommen viraler Medien hat sich ein neuer Typ Überschriften und Teaser im Online-Journalismus etabliert – auch für nachrichtliche Inhalte. So behauptet David Arabow von der BuzzFeed ähnlichen Plattform Elite Daily, Nutzer würden zum Beispiel auch politische Inhalte lesen und teilen, sofern sie „richtig verpackt" seien (Stöcker 2014b). Der erfolgreichste politische Artikel der Website hieß zum Beispiel „Der ultimative Spickzettel zum Syrien-Konflikt" (ebd.).

Eine solche Schlagzeile ist gedruckt in einer Zeitung nur schwer vorstellbar. Die Nutzung von Superlativen ist in den neuen Online-Medien jedoch weniger verpönt, ebenso wie der Gebrauch weiterer boulevardesk anmutender Standards. So wird in Überschriften häufig beschrieben, was in einem Video zu sehen ist. Zudem ist der Einsatz von Cliffhanger-Phrasen wie „Was dann passiert,..." üblich. Beendet wird der Satz häufig mit Versprechen wie „wird dich umhauen" oder „wirst du nicht glauben".

Auch Emotions-Ausbrüche wie „Wow!", „Igitt!" und „Cute!" nutzen die meisten der Click-Bait-Angebote. Beim amerikanischen BuzzFeed können Nutzer das Angebot nach diesen Gefühlsausbrüchen sogar filtern. Weitere neue Formen für Überschriften sind solche, die mit Fragen anfangen – etwa „Warum", „Wie" oder „Was" – oder Anweisungen geben wie „So machst du ...". Außerdem populär ist die direkte Ansprache von Lesern („du wirst deinen Augen nicht trauen") oder bei Listen-Artikeln das Herausgreifen eines einzelnen Punktes („21 perfekte Hundefotos. Nicht nur Nr. 8 ist zum Schießen komisch") (vgl. Winterbauer 2014). Dabei hat Kagan herausgefunden, dass Überschriften, die mit „Warum" anfangen, überdurchschnittlich gut geteilt werden, während solche mit „Wie" und „Was" eher unterdurchschnittlich gut ankommen (vgl. 2014).

Das Schreiben von Teasern mit Cliffhangern kann als journalistisches Handwerkszeug betrachtet werden. Die Click-Bait-Angebote haben die Technik unterdessen perfektioniert. Dabei geht nicht jede Plattform gleich vor, um klickstarke Überschriften zu generieren. Der Netzpiloten-Journalist Jakob Steinschaden unterscheidet zwischen der Viralvideo-Formel, der Buzzfeed-Formel und der

Upworthy-Formel (vgl. 2014). Die Klassifizierung hat er mit Hilfe einer Psychologin und eines Marketing-Experten erstellt (siehe *Abb. 4*).

Abbildung 4: Formeln für Click-Bait-Überschriften

Viralvideo-Formel	Normalzustand + Ausreißer + Cliffhanger + Call to Action = Klicks
BuzzFeed-Formel	Zahl + Reizwort + Adjektiv + Schlüsselwort + Versprechen = Klicks
Upworthy-Formel	Kontroverse + Twist + Cliffhanger = Klicks

Quelle: Eigene Darstellung nach Jakob Steinschaden 2014

Die Viralvideo-Formel wird von vielen Online-Angeboten genutzt, unter anderem von Upworthy. „This Little Girl's Desease Is Treatable. It's Just Too Bad She Lives in America", betitelt die Plattform eine Geschichte. Die Methode ist Folgende: Zunächst wird eine Situation beschrieben, ein Kontext hergestellt (Normalzustand). Daraufhin passiert etwas Unerwartetes, das überrascht (Ausreißer). An diesem Punkt wird die Erzählung unterbrochen (Cliffhanger) und dadurch der Anreiz zum Klick geliefert (Call to Action) (vgl. ebd.) Die Formel lautet also Normalzustand + Ausreißer + Cliffhanger + Call to Action = Klicks (vgl. ebd.).

Die Plattform BuzzFeed nutzt besonders häufig Listen in der Form „X Dinge, die Du über Y wissen sollten" (vgl. ebd.). Emotionale Adjektive und ein Hinweis darauf, was der Nutzer von dem Konsum des Artikels haben wird, sind Teil der BuzzFeed-Formel. So titelt die Plattform zum Beispiel: „32 unmögliche Spaßgeschenke für Kinder, die sogar Erwachsene haben wollen würden". Die Zahl hat dabei die Aufgabe, Aufmerksamkeit zu erregen, da sie aus dem Text heraussticht. Das nächste Wort ist häufig ein Adjektiv und lässt den Nutzer wissen, in welche Kategorie er den Artikel einzuordnen hat und welche Emotion mit ihm transportiert wird. Manchmal sind es auch zwei Wörter. Steinschaden beschreibt sie als Reizwort und Adjektiv, beide sollen für Interesse sorgen. Im Beispiel hat diese Funktion das Wort „unmöglich". Das darauf folgende Schlüsselwort „Spaßgeschenke", legt die Thematik fest. Zum Schluss kommt das Versprechen, dass das Lesen des Artikels Freude bereiten wird. Die Formel lautet also Zahl + Reizwort + Adjektiv + Schlüsselwort + Versprechen = Klicks (vgl. ebd.).

Die Plattform Upworthy hat es sich zum Ziel gesetzt, nicht nur klickstarke Inhalte zu verbreiten, die Macher wollen Geschichten publizieren, die bewegen. Dafür greifen sie Themen auf, die in der Gesellschaft kontrovers diskutiert werden, und versuchen diese von einem neuen Blickwinkel zu betrachten. Ein gutes Beispiel ist die Überschrift: „She Let Strangers Ask Her Questions About Lesbians, Then Her Raised-Eyebrow Game Shamed Us All". Die Kontroverse sind homosexuelle Menschen – gerade im konservativen Amerika ist das ein Reizthema. Dadurch, dass die Autorin nicht selbst die Bevölkerung befragt, sondern sich selbst Fragen stellen lässt, dreht sie die gängige Darstellungsform der Befragung um. Dass die Zeile damit endet, dass die Autorin die Augenbraue hochzieht und dadurch alle beschämt, ist der Cliffhanger. Der Nutzer soll sich fragen, warum, und auf die Geschichte klicken. Die Formel lautet damit Kontroverse + Twist + Cliffhanger = Klicks (vgl. ebd.).

Auch die *Faktoren der Verbreitung* sind bereits gut untersucht. Im Marketing ist umfassend erforscht, was Menschen motiviert, Inhalte weiterzuleiten. Doch zwischen Werbebotschaften von Unternehmen und journalistischen Inhalten besteht ein Unterschied. Werbung wird normalerweise nicht freiwillig konsumiert. Unternehmen versuchen daher mit teils aggressiven Botschaften oder besonders spektakulären Werbespots Aufmerksamkeit zu bekommen. Für den Konsum journalistischer Produkte entscheiden wir uns hingegen bewusst. Für Printprodukte etwa bezahlen wir regelmäßig Geld, digital weitet sich die Bezahlung von Angeboten aus. Die Frage, die sich stellt, ist: Welche Faktoren sind für die Verbreitung und Weiterleitung insbesondere journalistischer Inhalte von Bedeutung?

Die New York Times Customer Insight Group hat 2.500 Leser dazu befragt, warum sie Inhalte weiterleiten (vgl. 2011). Dabei stellte sich heraus, dass es fünf Hauptmotive gibt: um wertvollen und unterhaltenden Inhalt zu teilen, sich selbst darzustellen, um Beziehungen zu pflegen, sich als Teil der Welt zu fühlen und um sich zu wichtigen Themen zu Wort zu melden (vgl. ebd.). Vergleicht man nun die Motive mit den Inhalten, die nach Kagan weitergeleitet werden, so zeigt sich, dass diese mit Inhalten, die Furcht, Gelächter, Belustigung und Freude verursachen, bedient werden (vgl. 2014). Kargan ergänzt die Liste der Motive noch um Narzissmus, denn „sharing entertaining content brings value to our friends, shows others we have great taste, and spurs conversation and reactions" (2014).

Neben den Motiven wurden in der Studie der New York Times Weiterleitungs-Typen klassifiziert. Es wird unterschieden zwischen Altruisten, Karrieristen, Hipstern, Boomerangs, Beziehungstypen und den Wählerischen. Altruisten leiten demnach Inhalte weiter, die anderen helfen. Sie sind zuverlässig und pflegen dadurch ihre Kontakte. Karrieristen nutzen fremde Inhalte vorwiegend zu beruflichen Zwecken, sie wollen sich austauschen und ein Netzwerk aufbauen. Für Hipster, junge, innovative, beliebte Menschen, gehört das Teilen von Inhalten zu ihrer Persönlichkeit und ihrem Lebensstil. Boomerangs teilen Inhalte, um sich selbst darzustellen. Sie wollen beschäftigt und meinungsstark wirken und erhoffen sich, Reaktionen zu erhalten. Beziehungstypen wollen mit ihrem Verhalten vorwiegend mit anderen in Kontakt bleiben, sie werden als kreativ, entspannt und fürsorglich beschrieben. Die Gruppe der Wählerischen teilt Inhalte eher mit einzelnen Menschen als einer großen Gruppe. Dafür überlegen sie genau, für wen welche Inhalte relevant sein könnten (vgl. 2011).

Medienunternehmen können versuchen, bei der Verbreitung von Inhalten auf diese Weiterleitungstypen einzugehen. Dafür ist es notwendig, Inhalte nicht nur über einen Twitter- und Facebook-Account zu verbreiten. Die Unternehmen müssen gezielt versuchen, einflussreiche Online-Persönlichkeiten, im Marketing Influentials genannt, als Multiplikatoren zu gewinnen. Kagan konnte feststellen, dass sich die Anzahl der Shares um 31,8 Prozent erhöht, sobald ein Influential einen Post oder Tweet zu einem Artikel absetzt. Bei drei einflussreichen Personen verdoppelt sich die Zahl (vgl. 2014). Dabei definiert er Influentials als Personen, deren Tweets durchschnittlich zwei Mal retweetet, also geteilt werden.

Die Suche nach derartigen Online-Persönlichkeiten macht etwas Mühe. Sie müssen je nach Themengebiet neu aufgespürt werden. Wurde jedoch einmal eine Liste mit Influentials pro Thema festgelegt, kann diese immer wieder genutzt und weiter entwickelt werden. Kagan legt nahe, vor der Veröffentlichung eines Themas gezielt nach Menschen zu suchen, die zuvor ähnliche Themen geteilt haben. Dafür eignete sich zum Beispiel der Dienst BuzzSumo. Dort könnten bekannte Menschen, deren Posts viel Aufmerksamkeit erregen, ausgewählt und gezielt kontaktiert werden. Um sie für sich zu gewinnen, schlägt Kagan vor, die Experten entweder um ein Zitat für den Text oder einen Rat zu bitten, oder einen Link zu einem Artikel zu posten, den derjenige zum Thema verfasst hat.

Obwohl das Vorgehen Zeit in Anspruch nimmt, könnte es sich auch für Medienunternehmen lohnen. Denn: „People love to share things they've been involved in, even if they weren't involved in it directly. If you can do that somehow, they'll more likely […] share your article with their followers after you've published it" (Kagan 2014). Schreibt man einen Artikel mit einem Zitat von einem Influential, sollte man ihm also unbedingt bei der Veröffentlichung Bescheid geben und ihn bitten, den Artikel zu teilen. Auch andere Experten, von denen man einen Artikel geteilt hat oder zu denen man in irgendeiner Form Kontakt aufgenommen hat, teilen durch diese Verbindung Inhalte lieber. Netzwerken ist für Journalisten demnach nicht mehr allein eine Frage der Informationsgewinnung, sondern auch eine Frage der Reichweitenerhöhung.

Ein weiterer Aspekt, mit einem Beitrag mehr Leser zu erreichen, ist eine optimierte Vermarktung in Sozialen Netzwerken. Anstatt dass Redaktionen pro Veröffentlichung einen Post absetzen, empfiehlt Kagan eine wiederholte Verbreitung. Denn das Interesse an einem Artikel lässt innerhalb von ein bis zwei Tagen stark nach. Innerhalb von drei Tagen fällt die Anzahl der Shares zum Beispiel bei Facebook um 98,9 Prozent. Auch herausragende Artikel verschwinden spätestens nach sieben Tagen auf Facebook in der Bedeutungslosigkeit. Ist der Inhalt zeitlos, kann ein erneutes Posten nach circa einer Woche dem Artikel neue Aufmerksamkeit verschaffen. Bei Inhalten, die Bezug zu einer Veranstaltung haben, lohnt es sich zudem, diese am Veranstaltungstag noch einmal zu posten (vgl. Wenzlaff 2013; vgl. Kagan 2014).

Bei der Formulierung des Posts wird von Medienunternehmen häufig die Titelzeile eines Artikels genutzt – da diese automatisiert veröffentlicht werden kann. Liz Heron empfiehlt, stattdessen die interessanteste Information zu posten, vielleicht auch einfach nur ein Zitat. Man müsse immer wieder beobachten, was bei den Nutzern ankommt und zusätzlich auf neue Algorithmen bei Facebook durch Veränderungen in der Präsentation der Nachrichten reagieren (vgl. Edge 2014).

Zeitlich gesehen erreichen Posts, die morgens zwischen 10 und 11 Uhr oder abends zwischen 19 und 20 Uhr veröffentlicht werden, die größte Resonanz (vgl. Moring 2014: 131). Zu den am besten geeigneten Wochentagen gibt es unterschiedliche Erkenntnisse. Laut Moring wird am Sonntag, Montag, Dienstag und Mittwoch am meisten Reichweite, Interaktion und Viralität erzeugt (vgl. ebd.). Kagan hingegen kommt zu dem Schluss, dass sich auf Facebook der Dienstag am besten eignet, um eine hohe Reichweite zu erzielen, gefolgt von Donnerstag, Montag und Mittwoch. Samstag und Sonntag sind laut ihm eher schwache Tage (vgl. Kagan 2014).

5 Handlungsempfehlungen für den journalistischen Alltag

In Sozialen Netzwerken steckt für den Journalismus viel Potenzial, wenn Redaktionen die Bedürfnisse ihrer Nutzer analysieren und ihre Angebote daraufhin ausrichten. Die Strategie vieler Verlage, dort Anrisse von oder Verweise auf Artikel zu posten, zeugt von einem durch den Printjournalismus geprägten Kommunikationsverständnis, das mit den Bedürfnissen der Nutzer des Web 2.0 nach Interaktion nur schwer oder gar nicht zu vereinbaren ist. Auf dem Gebiet ist das Ausprobieren neuer Konzepte gefragt. Doch auch, wenn nach der perfekten Strategie vielerorts noch gesucht wird, können die Aktivitäten in Sozialen Netzwerken bereits jetzt durch einige Erkenntnisse optimiert werden.

Generell stellt sich nicht die Frage, ob Medienunternehmen Soziale Netzwerke nutzen sollten, sondern wie. Die Möglichkeiten dazu sind vielfältig und können sich sowohl direkt als auch indirekt auf die Erhöhung der Reichweite auswirken.

In der vorliegenden Arbeit wurde eine Vielzahl an Beispielen genannt. So kann etwa durch Monitoring die Themenakzeptanz überprüft werden und dadurch das Produkt an die Bedürfnisse der Nutzer angepasst werden. Ein optimiertes Produkt könnte in der Folge zu mehr Leserzufriedenheit und mehr Weiterempfehlungen generell führen. Außerdem sind Nutzer in Sozialen Netzwerken in der Lage, Themen zu setzen. Wird online etwas diskutiert und findet es dadurch in die Medien, könnten die Teilnehmer der Diskussion für die Berichterstattung interessiert werden – auch wenn sie bislang nicht zur Leserschaft gehörten.

Das Feedback der Nutzer und der Dialog mit ihnen sind in vielerlei Hinsicht nützlich. So können die Bindung und Einstellung zur Marke gestärkt werden, was das Weiterleitungsverhalten von Inhalten positiv beeinflusst. Zuletzt wurde auch erforscht, dass auf Facebook Menschen erreicht werden können, die normalerweise keine Nachrichtenplattformen im Internet aufsuchen. Somit besteht in Netzwerken die Möglichkeit, neue Leser hinzuzugewinnen und von der Marke zu überzeugen. Nachfolgend werden die erarbeiteten Faktoren in Kurzform aufgelistet und daraus Handlungsempfehlungen für den journalistischen Alltag abgeleitet.

Faktoren des Inhalts

- *Beliebte Themen:* Am liebsten auf Facebook gelesen werden unterhaltende Themen, Klatsch und Tratsch sowie Sport. Redaktionen könnten demnach darauf achten, alle Themen aus diesen Bereichen für das Netzwerk aufzubereiten. Auch Inhalte zu Politik und internationalem Geschehen sowie Gesundheitsthemen können auf Facebook Erfolg haben. Bei Technologie- und Wirtschaftsthemen darf man hingegen nur auf eine geringe Resonanz hoffen.

- *Inhaltliche Ausrichtung:* Neutrale Artikel kommen bei Nutzern am schlechtesten an. Stattdessen mögen Nutzer Inhalte, die Emotionen hervorrufen. Werden positive Gefühle ausgelöst, leiten sie Inhalte lieber weiter als bei negativen. Diese sind jedoch immer noch besser als gar keine. Generell eignen sich Emotionen am besten, die eine starke körperliche Erregung zur Folge haben, die also veranlassen, dass wir in Aktion treten wollen. Am stärksten beeinflussen das Weiterleitungsverhalten Ehrfurcht, Gelächter, Belustigung und Freude. Nicht so stark ist die Wirkung bei Empathie und Ärger. Überraschung und Trauer lösen am wenigsten das Verlangen aus, Inhalte zu teilen.
Generell zeigen die analysierten Forschungsergebnisse, dass am liebsten Inhalte weitergeleitet werden, die gleichzeitig eine unterhaltende und nützliche Funktion haben. Ebenfalls gut funktionieren Witze und Erotik sowie Spaß und Überraschung.
Für die Arbeit in Redaktionen lässt sich daraus schließen, dass Journalisten für die Online-Berichterstattung anstelle von Berichten verstärkt erzählerische, literarische Darstellungsformen nutzen sollten. Zudem kann es helfen, nachrichtliche Inhalte mit Beispielen aufzulockern. Kommentare und Leitartikel sind ebenfalls gut geeignet, um Reichweite zu erzielen, da polarisierende Inhalte sich zur Befriedigung individueller Weiterleitungsmotive eignen. Deshalb empfiehlt es sich, eher zwei Kommentare zu einem Thema zu verfassen als einen Pro-Contra-Kommentar. Als Themen eignen sich Inhalte, die universell sind. Das können zum Beispiel Phänomene im Kleinen sein, die als Metapher für etwas Größeres stehen. Videos sollten im Idealfall ohne Sprache verständlich sein.
Des Weiteren lässt sich aus den Erkenntnissen ableiten, dass Themen aus dem Panorama – die die Anforderungen für emotionale Inhalte normalerweise erfüllen – immer auf Facebook verbreitet werden sollten. Gleiches gilt für Servicethemen. Redaktionen könnten auch über ein spezielles Unterhaltungs-Ressort nachdenken, das den Bedürfnissen der Nutzer nach

leichten Inhalten nachkommt und sich gleichzeitig zur Befriedigung ihrer Weiterleitungsmotive eignet.

Faktoren der Aufbereitung und Form

▪ *Formen*: Journalistische Inhalte sollten online so aufbereitet werden, dass sie klar strukturiert und auf einen Blick erfassbar sind. Listen und Infografiken werden von Nutzern besonders gern geteilt. Zudem können Quiz sehr erfolgreich sein. Auch die Nutzung von auflockernden Elementen wie Zwischenzeilen und Zitaten sowie Fotos, Abbildungen oder Collagen ist essenziell für die Verbreitung.
Nicht gern geteilt werden nachrichtliche Videos. Mit Bewegtbild können Medienunternehmen daher bislang nur Reichweite erzielen, wenn sie virale Videos einbinden und ihre Angebote dadurch häufiger geklickt werden. Meistens bestehen virale Videos aus User-Generated-Content oder Marketing-Videos, die einen hohen Unterhaltungswert mit Emotionen verbinden und viele Weiterleitungsmotive ansprechen. Das ist möglich, da ihre Produktion nicht auf journalistischen Kriterien basiert, sondern das Ziel der reichweitenstarken Verbreitung verfolgt.

▪ *Länge*: Redaktionen sollten sich auf die Produktion von langen, intellektuellen Stücken konzentrieren. Artikel zwischen 3.000 und 10.000 Wörtern werden am liebsten geteilt. Da es im Netz viel schnell produzierten Inhalt gibt, bietet diese Tatsache eine Chance für Journalisten, diese Nische zu bedienen – und Klicks mit Qualität zu generieren.

▪ *Überschriften und Teaser:* Für Überschriften und Teaser haben sich bei viralen Angeboten bestimmte Arten des Textens etabliert, die gezielt zum Klicken verleiten. Da diese Formen erfolgreich sind, experimentieren auch etablierte Medien damit. Doch die in der Arbeit beschriebenen Überschriften-Formeln passen wegen ihrer boulevardesken Art nicht zu jedem Medium und müssen deshalb mit Vorsicht eingesetzt werden. Generell funktionieren „Warum"-Überschriften überdurchschnittlich gut. „Wie"- und „Was"-Überschriften hingegen schnitten bei einer Analyse unterdurchschnittlich ab. Da es bislang kaum Untersuchungen zu Überschriften gibt, könnte es sich für Onlineangebote lohnen, Autoren mehrere Überschriften formulieren zu lassen und diese auf der Website an verschiedenen Nutzern zu testen.
Für Teaser gilt der Einsatz von Cliffhangern bereits als Standard. Hierbei sollten Redaktionen darauf achten, dass diese aufgrund der kleinen Bildschirmgröße mobiler Nutzer relativ kurz gehalten werden. Als Orientie-

rungswert können vier Zeilen dienen. Raum für Experimente gibt es derzeit noch mit der Aufbereitung von Posts. Statt der häufig genutzten Überschriften könnte auch ein pointiertes Zitat Aufmerksamkeit erregen.

■ *Transparenz*: Da die Glaubwürdigkeit der Quelle das Weiterleitungsverhalten positiv beeinflusst, sollte ein Autorenname klar sichtbar sein. Zudem empfiehlt es sich, Informationen in Form einer Kurzbiographie des Autors anzubieten.

Faktoren der Verbreitung

■ *Einbindung von Experten:* Einflussreiche Online-Persönlichkeiten sind für die reichweitenstarke Verbreitung von Inhalten besonders wichtig. Häufig sind sie Experten auf einem Gebiet und werden daher als besonders glaubwürdig angesehen. Postet ein Influential etwas über einen Inhalt, verstärkt sich die Anzahl an Shares bereits um rund ein Drittel. Bei drei Influentials verdoppelt sie sich. Daher kann es sich auch für Medienunternehmen lohnen, für ihre Belange nützliche Online-Persönlichkeiten ausfindig zu machen und eine Beziehung zu ihnen aufzubauen.

Zunutze machen können sie sich dabei, dass Menschen gerne Inhalte teilen, mit denen sie sich in irgendeiner Form verbunden fühlen. So könnten in der Onlinewelt angesehene Experten als Interviewpartner oder Gesprächspartner für Hintergrundinformationen herangezogen werden. Zudem kann eine Verbindung aufgebaut werden, wenn Fachjournalisten Veröffentlichungen von den Experten ihres Gebietes teilen.

Redaktionen können aus den Erkenntnissen lernen, Interviewpartner generell bei Veröffentlichung eines Textes darum zu bitten, den Inhalt zu teilen. Neben der gezielten Suche nach Influentials ist auch denkbar, einem wichtigen Experten vorab Informationen zu einer Veröffentlichung zukommen zu lassen, da so bestimmte Weiterleitungsmotive befriedigt werden können. Denn können Experten als erstes einen für sie relevanten Inhalt teilen, untermauert das ihren Status. Zudem gelten Posts von Experten als besonders vertrauenswürdig und werden daher gerne weiter geteilt.

■ *Einbindung der Nutzer:* Die Einbindung von Nutzern in das Produkt – in Form von Umfragen, Stimmungsbildern, Crowdfunding, durch den Dialog und die Moderation von Inhalten – kann die Verbundenheit mit dem Produkt stärken. Dieser Effekt wirkt sich positiv auf die Verbreitung aus, denn – das gilt für Experten und auch für Nutzer – wer sich als Teil eines Produktes fühlt, verbreitet es bereitwillig. Da Botschaften von bekannten Quellen wie Freunden, Bekannten und Kollegen gerne Aufmerksamkeit geschenkt wird und diese gerne weitergeleitet werden, können so in Form eines Schneeballeffekts neue Leser gewonnen werden.

- *Verbreitungsmotive und Online-Persönlichkeiten*: Warum Menschen Inhalte teilen, kann viele Ursachen haben. Spaß und Vergnügen sowie soziale, altruistische Motive zur Beziehungspflege spielen eine besondere Rolle. Des Weiteren werden Inhalte aus egoistischen Motiven zur Selbstdarstellung genutzt, etwa um sich zu profilieren und dadurch beruflichen Erfolg zu haben. Generell gelten Menschen, die Inhalte weiterleiten, als technikaffin und extrovertiert. Die New York Times differenziert in einer Studie zwischen verschiedenen Persönlichkeitstypen wie dem Altruisten oder dem Boomerang. Redaktionen können daraus lernen, dass es ihnen bei der Verbreitung ihrer Inhalte hilft, wenn sie ihre Zielgruppe genau kennenlernen. Denn wissen sie um die Motive, können sie diese gezielt ansprechen – etwa indem sie ein Thema dementsprechend aufbereiten bzw. vermarkten.

- *Promoten von Inhalten:* Da Inhalte im Netz nur eine kurze Lebensdauer haben – bei Facebook verschwinden sie nach drei Tagen bis einer Woche wieder in der Bedeutungslosigkeit – lohnt es sich, Inhalte noch einmal zu promoten solange sie nicht aktualitätsgebunden sind. Ankündigungen zu einer Veranstaltung etwa können am Tag der Veranstaltung weitere Aufmerksamkeit und Shares erzeugen, wenn sie noch einmal geteilt werden. Generell empfiehlt sich bei Artikeln nach bisherigen Erkenntnissen das erneute Promoten nach sieben Tagen.

- *Rahmenbedingungen:* Bei Epidemien ist bekannt, dass viele Faktoren zusammenkommen müssen, damit sie sich verbreiten. Besonders Faktoren von Raum und Zeit sind wichtig. Das trifft auch auf die virale Verbreitung von Inhalten zu. Zwar herrscht keine Einigkeit darüber, welche Wochentage am besten für die Verbreitung von Inhalten geeignet sind. Generell scheint der Dienstag jedoch der beste Tag in der Woche zu sein und Werktage sollen besser funktionieren als das Wochenende. Die besten Zeiten am Tag sind zwischen 8 und 9 Uhr und zwischen 19 und 20 Uhr.

6 Umgang mit reichweitenstarken Inhalten: Diskussion und Ausblick

Medienunternehmen haben die Bedeutung Sozialer Netzwerke längst erkannt. Doch die eine Strategie, mit der journalistische und wirtschaftliche Ziele erreicht werden können, scheint noch nicht gefunden zu sein. Zwar sind die meisten Medienunternehmen in den Sozialen Netzwerken präsent. Diese werden jedoch größtenteils nur als weiterer Distributionskanal genutzt bzw. um Inhalte der Nachrichtenplattformen anzupreisen. Das zeigt ein Blick auf das Engagement der Verlage in Sozialen Netzwerken. Genauere Analysen gibt es derzeit nicht. Auch mit Informationen zu Strategien – etwa welche Inhalte wann gepostet werden – halten sich Verlage bedeckt. Fakten gibt es nur zu den Zielen der Verlage.

Für die Wissenschaft eröffnen sich dadurch noch viele offene Forschungsfelder. Neben den Strategien der Verlage ist auch interessant, inwiefern sich die Erkenntnisse, etwa zur Themenbeliebtheit, bei den Nachrichtenangeboten unterscheiden oder inwiefern sich die Aufbereitung von Inhalten seit dem Aufkommen viraler Medien verändert hat.

Offensichtlich ist, dass die viralen Plattformen sich innerhalb kürzester Zeit zur direkten Konkurrenz entwickelt haben – berücksichtigt man, dass sich die Nutzungsdauer des Internets trotz mobiler Geräte nicht mehr stark vergrößert, sondern sich nur die Nutzungsweise ändert. Ein Artikel von Heftig.co war im Mai 2014 in den Sozialen Netzwerken sogar erstmals beliebter als Beiträge von Spiegel Online und Bild.de, die bis dahin normalerweise das Ranking anführten.

Auf diese Entwicklung reagierte die Branche unterschiedlich. Angebote wie Bild.de und Focus.de versuchen, die Erfolgsfaktoren der viralen Seiten auf ihre Angebote zu übertragen. Kurz nach dem Aufkommen von Heftig.co kopierten sie teilweise den Stil der reißerischen Aufbereitung von Themen und setzten generell auf eine emotionalere Aufbereitung von Inhalten. Auch Medien wie 11 Freunde, DRadio Wissen, N24, Stern und ZDF nutzen die Form. Dabei ist davon auszugehen, dass der Stil gerade bei nicht boulevardesken Medien mit Humor und deshalb vorwiegend mit einem Augenzwinkern eingesetzt wird (vgl. *Abb. 5*).

Zudem ist die reißerische Form insbesondere in der Berichterstattung über die viralen Seiten beliebt. Den Trend bemerkten auch Nutzer, so entstand zum Beispiel der Tumblr-Blog heftigstyle.tumblr.com. Unter dem Hashtag #heftigstyle können Nutzer reißerisch geschriebene Inhalte über Twitter melden, damit sie auf dem Blog veröffentlicht werden. Gleichzeitig wurden zahlreiche neue Accounts für virale Inhalte gegründet – und auch Gegenbewegungen entstanden, etwa der Blog megaheftig.tumblr.com, der bildende Inhalte im viralen Stil anteast. Die Motivation dafür beschreibt die Journalistin Jessica Riccò auf ihrem Blog. Sie habe sich oft über Freunde geärgert, die „dumme Dinge" gepostet hätten. Daher habe sie sich vorgenommen, etwas für die Bildung ihrer Mitmenschen zu tun. Damit das gelesen und geteilt werde, nutze sie eine reißerische Aufbereitung (vgl. Riccò 2014).

Abbildung 5: Tweet von DRadio Wissen im Stil der viralen Angebote

Quelle: Auszug Twitter-Wall von DRadio Wissen: https://twitter.com/dradiowissen

Mit dieser Aussage trifft die Journalistin einen Nerv. Denn die zentrale Frage der Gegenwart ist, wohin sich der Journalismus im Netz entwickeln soll, wenn Nutzer am liebsten Inhalte von viralen Plattformen konsumieren und teilen. Provokant gefragt: Müssen sich Medienunternehmen eingestehen, dass Nutzer klassische, nicht boulevardeske Angebote im Netz nicht schätzen und seriöse Inhalte keine Chance haben?

Die Boulevardisierung vieler Online-Medien, einerseits durch eine reißerischere Aufbereitung von Inhalten, andererseits durch die verstärkte Produktion leicht konsumierbarer Themen, könnte vermuten lassen, dass in einigen Redaktionen der Glaube an den Erfolg von unaufgeregtem, rein an Nachrichtenfaktoren orientiertem Journalismus verloren gegangen ist. Vielerorts, etwa bei dem Onlineauftritt der überregionalen Tageszeitung Die Welt, haben Überschriften in den Redaktionsalltag Einzug gehalten, die mit „Wie", „Was", „Warum" oder „So" anfangen und Superlative beinhalten. Und auch eine inhaltliche Analyse würde wohl den Eindruck bestätigen, dass verstärkt auf die emotionale Aufbereitung von Inhalten gesetzt wird.

Medien-Journalist Christian Meier wirft die Frage auf, ob es nicht an der Zeit wäre, um stärker „zwischen rein auf Reichweite ausgelegten Angeboten – und Angeboten, die für andere, für Werbekunden nicht minder attraktive Werte wie Verlässlichkeit, Recherchetiefe, Informationsdichte, etc. stehen" zu differenzieren (2014a). Zeit-Online-Chefredakteur Jochen Wegner sieht in den Klick-Angeboten keine Gefahr, sondern eher eine Chance (Schulz 2014): „Wir können auf jeden Fall lernen, welche Möglichkeiten es gibt, eigenen Themen Aufmerksamkeit zu verschaffen. (…) Je boulevardesker das Umfeld wird, desto strenger werden wir." Zeit Online würde merklich als Gegenpol der Boulevardisierung profitieren (vgl. ebd.). Dennoch zieht auch Zeit Online Nutzen aus viralen Inhalten: So hat es sich die Plattform nicht nehmen lassen, über Julia Engelmanns Auftritt beim Bielefelder Poetry Slam zu schreiben (vgl. Hugendick 2014), das Video von ihr ist eines der erfolgreichsten des Jahres 2014.

Bei den meisten Nachrichtenportalen gehört es zum Tagesgeschäft, virale Inhalte aufzuspüren und darüber zu berichten. Denn diese Inhalte interessieren Millionen – durch die Berichterstattung wollen die Medien einen Teil der Aufmerksamkeit abgreifen und Klicks generieren. Spiegel Online hat sogar eine eigene Themenseite für Meme mit dem Titel „Mem-Maschine. Absurdes aus dem Web" eingerichtet. Einige Nachrichtenportale haben zudem eigene Rubriken für virale Inhalte, zum Beispiel „Webvideos der Woche" bei Stern.de.

Noch ist nicht klar, wie sich das Nutzerverhalten weiter entwickeln wird. Werden die Nutzer irgendwann das Interesse an den immer wiederkehrenden Überschriften und emotionalen Geschichten verlieren? Wird dann die Sehnsucht nach ruhig erzählten, fundiert recherchierten Geschichten aufflammen?

Die Wahrheit ist wohl, dass Platz für beides ist. Und dass Boulevard und Nicht-Boulevard im Netz ebenso friedlich koexistieren können, wie sie es im Print tun. Medienunternehmen müssen sich aber entscheiden, wie sie mit der viralen Konkurrenz umgehen. Ihre Aufgabe ist es, die Bedürfnisse ihrer Leser und Nutzer kennen zu lernen und Strategien für die Sozialen Netzwerke zu entwickeln. Wichtig ist dabei, nicht aus einem Bauchgefühl heraus zu handeln, sondern bewusst zu entscheiden. Die Herausforderung für jedes Unternehmen und jede Redaktion ist es derzeit, das Wissen zur Optimierung der Reichweite mit der Ausrichtung der Marke in Einklang zu bringen. Nicht alles, was geht, sollte auch unter Berücksichtigung journalistischer Qualitätskriterien gemacht werden. Dennoch sollte sich der klassische Journalismus den Erkenntnissen aus anderen Disziplinen und auch der Click-Bait-Angebote öffnen. Denn nur so können Qualitätsmedien im Wettbewerb um die Aufmerksamkeit der Nutzer bestehen.

Glossar

Aggregieren/Aggregation	Im Kontext des Internets wird unter dem Aggregieren von Nachrichten das Sammeln und Zusammenstellen von Inhalten fremder Anbieter verstanden. Das Ergebnis nennt man eine Aggregation – eine Zusammenstellung bzw. Anhäufung von Informationen. Um diese darzustellen werden häufig Feedreader oder bei mobilen Geräten spezielle Software-Applikationen verwendet
Blog, auch Weblog	Eine Art Tagebuch, das auf einer Website geführt wird. Er wird regelmäßig aktualisiert, die Beiträge können per RSS-Feed abonniert werden
Bookmarking-Dienst	Bookmarks sind Lesezeichen, die sich ein Nutzer in seinem Browser als Favoriten abspeichern kann. Online-Dienste ermöglichen es Nutzern, diese Lesezeichen auf einer Plattform abzulegen, um von überall darauf zugreifen zu können. Bookmarking-Dienste wie Pinterest sind wie ein Soziales Netzwerk aufgebaut. Nutzer können Linksammlungen zu Themen erstellen und ihre eigenen oder fremde Inhalte unter ihrem Profil speichern
Click-Bait-Angebote	Synonym für Medienangebote, die mit einer reißerischen Aufbereitung von Inhalten möglichst viel Reichweite – insbesondere mit Hilfe von Sozialen Netzwerken – erzielen wollen; Synonym: virale Medien
Content	Jegliche Inhalte, die im Netz verbreitet werden können
Crowdsourcing	Der Begriff leitet sich aus dem Englischen von crowd (Masse) und outsourcing (ausgliedern) ab. Letzteres steht für das Auslagern von Leis-

	tungen, die normalerweise ein Unternehmen intern bearbeitet hat. Beim Crowdsourcing wird diese Aufgabe, z.b. die Entwicklung eines Produktes, an die Masse weitergegeben
Facebook	Facebook ist eines der weltweit bekanntesten Sozialen Netzwerke. Menschen nutzen es, um reale Freundschaften im virtuellen Raum zu pflegen. Durch die große Beliebtheit ist Facebook für Unternehmen ein geeignetes Werbeumfeld
Fan/Follower	Als Fan werde all jene Nutzer bezeichnet, die auf einer geschäftlichen Facebook-Seite (ehemals „Fanpage") „Gefällt mir" geklickt haben und dadurch Neuigkeiten des Unternehmens in ihrer Timeline angezeigt bekommen. Der Begriff Follower ist die Bezeichnung für einen Twitter-Nutzer, der den Nachrichten eines anderen Nutzers folgt. Er ist also Abonnent eines fremden Twitter-Accounts
Feedreader	Mit Feeds bieten Nachrichten-Portale und Unternehmen einen Service an, mit dem aktuelle Beiträge direkt von Interessenten abonniert und gelesen werden können. Feedreader bündeln Inhalte verschiedener Anbieter.
Influentials	Einflussreiche Online-Persönlichkeiten, die über ein hohes Ansehen verfügen und denen eine hohen Zahl an Menschen in Sozialen Netzwerken folgt (Begriff aus dem Marketing)
Konventionelle- / Klassische-/ Traditionsmedien	Mit den Begriffen sind alle Printmedien sowie Radio und Fernsehkanäle gemeint. Sie bilden den Gegenpol zu reinen Onlinemedien, die ausschließlich im Internet veröffentlichen. Konventionelle Medien nutzen das Internet meistens als weiteren Distributionskanal
Klicks, (engl. Clicks)	Messgröße, die anzeigt, wie häufig Nutzer einen Artikel aufgerufen haben. Das Wort stammt ursprünglich aus der Online-Werbung und wird als Einheit für den Werbeerfolg verwendet

Kuratieren	Recherchieren, Auswählen, Gewichten, Aufbereiten und Verbreiten von fremden Inhalten
Likes	Maßeinheit des Sozialen Netzwerks Facebook. Durch einen Klick auf den „Gefällt mir"-Button, können Nutzer Gefallen an einem geposteten Beitrag oder auch einem Unternehmen ausdrücken
Listicles	Artikel in Listenform für die Inhalte zu einem Thema in leicht konsumierbaren Informations-Happen aufbereitet werden. Beispiel: Die zehn beliebtesten Reiseziele der Deutschen
Massenmedien	Jegliche Kommunikationsmittel, die eine breite Masse an Menschen erreichen können
Nachrichten-Aggregator	Angebot, das das Web nach vom Nutzer festgelegten Kriterien nach Nachrichten durchsucht und diese zusammengefasst präsentiert. So ersparen Nachrichten-Aggregatoren dem Nutzer, alle Webseiten, die ihn interessieren, separat nach Neuigkeiten zu durchsuchen
New Economy	Wirtschaftsbereich, der im Gegensatz zur Old Economy junge, wachstumsorientierte Unternehmen aus Zukunftsbranchen (z.B. Biotechnologie, Informationstechnologie) umfasst und für den u.a. neue Formen des Marktverhaltens (z.B. E-Business) charakteristisch sind
Newsfeed	Der Newsfeed bildet die Hauptoberfläche von Facebook. Meldet sich ein Mitglied bei dem Netzwerk an, bekommt er angezeigt, was in der Zeit seit seinem letzten Log-in passiert ist, d.h. er sieht Posts von seinen Freunden und Nachrichten von den von ihm abonnierten Unternehmen.
Old Economy	Traditionelle Wirtschaft (z.B. Maschinenbau oder Automobilindustrie), Vergleich zur New Economy siehe oben
Paywall/Bezahlschranke	Medienunternehmen versuchen im Netz, durch Bezahlschranken Geld zu verdienen. Nutzer können dann auf Online-Inhalte nur zugreifen, wenn sie ein Online-Abonnement abgeschlossen haben oder eine Einmalzahlung leisten

Plug-in	Software, die eine Teil-Funktionalität auf einer übergeordneten Plattform abdeckt und die Funktionalität so erweitert
Post/posten (Verb)	Beitrag, den ein Nutzer in einem Sozialen Netzwerk veröffentlicht. Posts können z.b. Statusmeldungen, Fotos, Videos oder Links sein. Der Veröffentlichungsvorgang wird mit dem Begriff „etwas posten" beschrieben
RSS-Feed	RSS steht für Really Simple Syndication und bietet eine einfache Möglichkeit, Inhalte online auszutauschen. Viele Redaktionen nutzen das Format, um Inhalte ins Netz zu stellen. Nutzer können Feeds, meistens bestehend aus Neuigkeiten, mit einer speziellen Software, RSS-Feedreader genannt, abonnieren. Diese sucht nach neuen, abonnierten Inhalten und stellt diese dar.
Second-Screen-Medium	Der Begriff bezeichnet die Entwicklung dahin, dass mehr als ein Medium zur selben Zeit genutzt wird. Ursprung ist die Technologisierung, die Endgeräte wie Smartphones und Tablets hervorgebracht hat. Diese werden als Second Screen – also zweiter Bildschirm – genutzt, häufig parallel zum Fernseher
Shares	Messgröße für die Anzahl an Nutzern, die einen Inhalt in einem Sozialen Netzwerk mit ihren Online-Freunden und -Bekannten geteilt haben. Dadurch werden sie zum Multiplikator für die Botschaft
Shitstorm	Unvorhergesehene virusartige Verbreitung einer für eine Person oder ein Unternehmen negativen Botschaft im Netz. Nutzer entrüsten sich dabei über ein Verhalten, die Kritik entfernt sich dabei schnell vom sachlichen Kern. Ein Shitstorm wird häufig von Medien als Anlass zur Berichterstattung über den eigentlichen Sachverhalt und die Reaktionen genutzt
Social Media/ Soziale Medien	Digitale Medien und Technologien, die es Nutzern ermöglichen, sich auszutauschen und mediale Inhalte zu veröffentlichen

Social Networks/ Soziale Netzwerke	Ein Teilbereich der Sozialen Medien; Plattformen, die darauf abzielen, eine große Gruppe an Menschen miteinander zu verbinden und ihnen den Austausch persönlicher Daten zu ermöglichen
Social Web	Häufig wird der Begriff als Synonym für Social Media genutzt. Zunehmend wird mit ihm auch das Internet an sich gemeint, da auf fast allen Websites soziale Interaktionen möglich sind
Storify	Online-Tool, über das Redaktionen Social-Media-Quellen durchsuchen können. Quellen können ausgewählt, sortiert und mit Kommentaren versehen zu einer Geschichte angeordnet werden, um sie auf einer externen Seite zu integrieren
Traffic	Synonym für den Begriff Datenverkehr. Traffic besteht aus Visits, also einzelnen Besuchern, und Page-Impressions, den einzelnen Seitenaufrufen der Homepage und Unterseiten
Trending Stories	Inhalte, die häufig geliked und geteilt werden und über die gesprochen wird
Tweet	Ein Post mit der Länge von 140 Zeichen auf dem Kurznachrichtendienst Twitter
Twitter	Mikro-Blog-Dienst, auf dem registrierte Nutzer Kurznachrichten mit der Länge von 140 Zeichen verbreiten können. Der Dienst gehört zu den Sozialen Medien im Netz
User-Generated-Content (UGC)/ Nutzer-generierte-Inhalte	Der Begriff bezeichnet Inhalte, die von Nutzern erstellt und im Web hochgeladen werden. Möglich ist das erst, seitdem es Webservices gibt, die Nutzern das Publizieren mit wenig Aufwand ermöglichen. UGC steht im Gegensatz zum klassischen Publikationsmodell, bei dem der Webanbieter Inhalte zur Verfügung stellt
Viral	Der Begriff bedeutet, dass Nachrichten sich im Internet innerhalb kürzester Zeit verbreiten – wie ein Virus in einem biologischen System

Virales Marketing	Zu Marketingzwecken wird versucht, virale Nachrichten zu platzieren, um dadurch mit geringen Kosten viel Aufmerksamkeit zu erreichen
Virale Medien	Bezeichnung für eine neue Form von Boulevardmedien, die sich auf die Aufbereitung und Verbreitung von klickstarkem Content spezialisiert hat; Synonym: Click-Bait-Angebote. Beispiele sind: Blickamabend.ch, , BuzzFeed.de, Heftig.co, Huffingtonpost.de, Likemag.com, Storyfilter.co, Upworthy.com, Watson.ch
Visit(s)	Messgröße, die die Anzahl der Zugriffe auf eine Website innerhalb eines bestimmten Zeitraums angibt. Eine Visit zählt als ein Besuch eines Nutzers auf einer Website, und zwar unabhängig von der Anzahl der aufgerufenen Unterseiten
Web 2.0	Das Web 2.0 zeichnet sich durch dynamische Websites aus. Nutzer können miteinander interagieren, vereinfacht selbst publizieren und soziale Kontakte in Netzwerken pflegen

Literaturverzeichnis

Agichtein, Eugene/Castillo, Carlos/Donato, Debora/Gionis, Aristides/Mishne, Gilad (2008): Finding High-Quality Content in Social Media. In: Proceedings of the 2008 International Conference on Web Search and Data Mining (2008): 183-194.

Anderson, Monica/Caumont, Andrea (2013): How social media is reshaping news. In: pewresearch.org. 24.09.2013. URL: http://www.pewresearch.org/fact-tank/2014/09/ 24/how- social-media-is-reshaping-news/ (Abruf Mai 2015).

ARD/ZDF (2014): ARD/ZDF-Onlinestudie 2014. Ohne präzises Datum. URL: http://www.-ard-zdf-onlinestudie.de/ (Stand Mai 2015).

Axel Springer (2013): Pressemitteilung: Axel Springer übernimmt N24. In: axelspringer.de. 09.12.2013. URL: http://www.axelspringer.de/presse/Axel-Springer-ueber-nimmt-N24-Multimediales-Nachrichtenunternehmen-aus-N24-und-WELT-Gruppe-entsteht_19647691.html (Abruf Mai 2015).

Axel Springer (2014): Pressemitteilung: Axel Springer beteiligt sich an gruenderszene.de. In: axelspringer.de. 05.06.2014. URL: http://www.axelspringer.de/presse/Axel-Springer-beteiligt-sich-an-gruenderszene.de_21221624.html (Abruf Mai 2015).

Axel Springer Mediapilot (2014): Reichweite BILD. In: Axel Springer Mediapilot. Ohne präzises Datum. URL: http://www.axelspringer-mediapilot.de/artikel/BILD-Reich-weite-BILD_736331.html (Abruf Mai 2015).

Axel Springer (2015): Bild testet Facebook „Instant Articles". In: axelspringer.de. 13.05.2015. URL: http://www.axelspringer.de/presse/BILD-testet-Facebook-Instant-Articles_2338190 6.html (Abruf Mai 2015).

Azevedo, Hélène (2011): E-mail still Popular Among the Older Generation in Europe. In: comScore.com. 28.02.2011. URL: www.comscore.com/ger/Insights/Data-Mine/E-mail-still-Popular-Among-the-Older-Generation-in-Europe (Abruf Mai 2015).

Baltner, Uwe (2013): Social Media für Verlage: Best Practices und Erfolgsstrategien. In: Blog.Chip.de. 26.02.2013. URL: http://blog.chip.de/business-blog/2013/02/26/ soci-al-media-fur-verlage-best-practices-und-erfolgsstrategien/ (Abruf Mai 2015).

Bauer, Hans H./Haber, Tobias E./Albrecht, Carmen-Maria/Laband, Tom (2007): Viral Advertising. In: Bauer et. al (2007): 268-282.

Bauer, Hans H./Große-Leege, Dirk/Rösger, Jürgen (Hg.) (2007): Interactive Marketing im Web 2.0+, Konzepte und Anwendungen für ein erfolgreiches Marketingmanagement im Internet. München: Vahlen.

BDZV (2015a): Paid Content Angebote deutscher Zeitungen. In: BDZV.de. Ohne präzi-ses Datum. URL: http://www.bdzv.de/zeitungen-online/paidcontent (Abruf Mai 2015).

BDZV (2015b): Social Media Aktivitäten der deutschen Zeitungen. In: BDZV.de. Ohne präzises Datum. URL: http://www.bdzv.de/zeitungen-online/social-media/ (Abruf Mai 2015).

Bennett, Shea (2013): A brief history of social media (1969-2012). In: mediabistro.com. 04.07.2013. URL: http://www.mediabistro.com/alltwitter/social-media-1969-2012_ b45869 (Abruf Mai 2015).

Berger, Jonah/Milkman, Katherine K. (2012): What Makes Online Content Viral? In: Journal of marketing research. Jg. 49. Nr. 2. 192-205.

Bitkom (2014): Internet vor Fernsehen und Radio als Nachrichtenquelle. In: Branchendienst Bitkom. 26.06.2014. URL: http://www.bitkom.org/de/markt_statistik/ 64026_ 79711.aspx (Abruf Mai 2015).

Bitkom (2012): Social Media in deutschen Unternehmen. In: bitkom.org. Jahr 2012. URL: www.bitkom.org/files/documents/Social_Media_in_deutschen_Unternehmen(4).pdf (Abruf Mai 2015).

Blick am Abend (2013): FAQ. In: blickamabend.ch. 12.12.2013. URL: http://www.blickamabend.ch/services/faq-haeufig-gestellte-fragen-id2542544.html   (Abruf   Mai 2015).

Böxler, Thomas (2012): Paid Content im Web: Erfolgsfaktoren und Strategien für Printverlage. Hamburg: Diplomatica Verlag.

Boie, Johannes (2014): Peinliches Ende des Leistungsschutz-Dramas. In: sueddeutsche.de. 25.10.2014. URL: http://www.sueddeutsche.de/medien/verlage-im-streit-mit-google-peinliches-ende-des-leistungsschutz-dramas-1.2189384   (Abruf   Mai 2015).

Brandt, Mathias (2014): Facebook mit Abstand Nummer 1. In: statista.de. 26.03.2014. URL: http://de.statista.com/infografik/907/top-10-der-sozialen-netzwerke-in-deutsch land/ (Abruf Mai 2015).

Breyer-Mayläner, Thomas (2015): Vom Zeitungsverlag zum Medienhaus. Wiesbaden: Springer Fachmedien.

Business Punk (2014): Leserschaft/Gruner+Jahr Portfolio. In: ems.juj.de. Ohne präzises Datum. URL: http://ems.guj.de/print/portfolio/business-punk/leserschaft/ (Abruf Mai 2015).

Ceyp, Michael/Scupin, Juhn-Petter (2013): Erfolgreiches Social Media Marketing. Konzepte, Maßnahmen und Praxisbeispiele. Wiesbaden: Springer Gabler.

Cheng, Justin/Adamic, Lada A./Dow, Alex P./Kleinberg, Jon/Leskovec, Jure (2014): Can cascades be predicted? In: Proceedings of the 23rd conference on world wide web (2014): 925-936.

Chiu, Hung-Chang/Hsieh, Yi-Ching/Kao, Ya-Hui/Monle, Lee (2007): The Determinants of Email Receivers' Disseminating Behaviors on the Internet. In: Journal of advertising research. Jg. 47, Nr. 4. 524-534.

Clement, Reiner/Schreiber, Dirk (2013): Internet-Ökonomie. Berlin, Heidelberg: Springer Gabler.

Constine, Josh (2015): Facebook Starts Hosting Publishers' "Instant Articles". In: techcrunch.com. 12.05.2015. URL: http://techcrunch.com/2015/05/12/facebook-instant-articles/ (Abruf Mai 2015).

Cutler, Matt (2009): „How to Make Your Online Video Go Viral". In: Advertising Age. Jg. 80, Nr. 11. 42.

Deutscher Journalisten-Verband (2009): DJV-Aufnahmekriterien. In: djv.de. 16.04.2009. URL: http://www.djv.de/startseite/profil/mitglied-werden/aufnahmerichtlinien.html (Abruf Mai 2015).

Disselhoff, Felix (2013): Au revoir, Print: Axel Springer verkauft PGP. In: meedia.de. 29.07.2013. URL: http://meedia.de/2013/07/29/au-revoir-print-springer-verkauft-pgp/ (Abruf Mai 2015).

Disselhoff, Felix (2014): Spot des Jahrtausends: Shakiras Activia-Werbung ist der viralste Videohit aller Zeiten. In: meedia.de. 30.07.2014. URL: http://meedia.de/2014/07/-30/spot-des-jahrtausends-shakiras-activia-werbung-ist-der-viralste-videohit-aller-zeiten/ (Abruf Mai 2015).

Dreyer, Kate (2012): Is Pinterest the next big Social Network in Europe? In: comScore.com. 21.02.2012. URL: http://www.comscore.com/ger/Insights/Data-Mine/Is-Pinterest-the-Next-Big-Social-Network-in-Europe (Abruf Mai 2015).

Duden (2015): Social Media. In: Duden.de. Ohne präzises Datum. URL: http://www.duden.de/rechtschreibung/Social_Media (Abruf Mai 2015).

Edge, Abigail: Five social media tips from The Wall Street Journal. In: Journalismus.co.uk. 04.02.2014. URL: http://www.journalism.co.uk/news/five-tips-for-social-media-success-from-the-wall-street-journal/s2/a555772/ (Abruf Mai 2015).

Ehring, Holger (Hg.) (2011): Social Media für die Verlagspraxis. Edition Buchhandel. Band 21. Frankfurt am Main: Bramann.

Facebook (2011): Most Shared Articles on Facebook in 2011. In: facebook.com/notes. 29.11.2011. URL: https://www.facebook.com/notes/facebook-media/most-shared-articles-on-facebook-in-2011/283221585046671 (Abruf Mai 2015).

Facebook (2015): Instant Articles. In: facebook.com. Ohne präzises Datum. URL: http://instantarticles.fb.com/ (Abruf Mai 2015).

Faktenkontor/news aktuell (2014): Social-Media-Trendmonitor. In: presseportal.de. Mai 2014. URL: http://www.presseportal.de/showbin.htx?id=290572&type=document &action=download&attname=social-media-trendmonitor-2014.pdf (Abruf Dezember 2014).

Fiege, Roland (2012): Social Media Balanced Scorecard. Wiesbaden: Springer Vieweg..

Frank, Arno: Twitter-Kommentare zum Tukur-‚Tatort': Wagner in Wiesbaden. In: Spiegel Online. 12.10.2014. URL: http://www.spiegel.de/kultur/tv/tatort-mit-ulrich-tukur -und-ulrich-matthes-twitter-a-996359.html (Stand Mai 2015).

Friedrichsen, Mike/ Mühl-Benninghaus Wolfgang (2013): Handbook of Social Media Management. Berlin, Heidelberg: Springer Science.

Giesler, Martin (2014): Die Geschichte hinter First Kiss von Tatia Pllieva. In: Blogrebellen.de. URL: http://www.blogrebellen.de/2014/03/11/die-geschichte-hinter-first-kiss-von-tatia-pilieva/ (Abruf Mai 2015).

Gillette, Felix (2014): Scott DeLong's Success Formula for Viral Nova. In: businessweek.com: 24.04.2014. URL: http://www.businessweek.com/articles/2014-04-24/scott-delongs-viral-nova-success-formula (Abruf Mai 2015).

Gladwell, Malcolm (2002): The Tipping Point: Wie kleine Dinge Großes bewirken. München: Goldmann.

Grabowicz, Paul: The Transition to Digital Journalism. In: UC Berkeley Graduate School of Journalism. 01.06.2014. URL: http://multimedia.journalism.berkeley.edu/tutorials /digital-transform/ (Abruf Mai 2015).

Grasshoff, Friederike Zoe (2014): Im Kampf um Klicks. In: sueddeutsche.de. 21.10.2014. URL: http://www.sueddeutsche.de/medien/buzzfeed-deutschland-teilen-und-herr-schen-1.2181950-2 (Abruf Mai 2015).

Gründlers, Berit-Silja/Simon, Michelle/Schäfli, Roland (2014): „Fremde Küsse" – diese Leser haben es gewagt. In: 20min.ch. 21.03.2014. URL: www.20min.ch/community/stories/story/-Fremde-Kuesse----diese-Leser-haben-es-gewagt-19035575 (Abruf Mai 2015).

Guadagno, Rosanna (2013): What Makes Videos Go Viral? In: psychologytoday.com. 05.04.2013. URL: http://www.psychologytoday.com/blog/why-people-click/201304 /what-makes-videos-go-viral (Abruf Mai 2015).

Heftig.co: Über uns. In: Heftig.co. 27.10.2014. URL: http://www.Heftig.co/contact/ (Abruf Mai 2015).

Hennig-Thurau, T./Gwinner, K. P./ Walsh, G./Gremler, D. D. (2004): Electronic word-of-mouth via consumer-opinion platforms: What motivates consumers to articulate themselves on the Internet? In: Journal of Interactive Marketing. 18. Jg., Heft 1/2004. 38-52.

Ho, Jason Y.C./Dempsey, Melanie (2010): Viral marketing: Motivations to forward online content. In: Journal of Business Research. Heft 63. 1000-1006

Hoffmeister, Christian (2011): Social Media als Herausforderung für Zeitungsverlage. Potenziale – Produkte – Perspektiven. Berlin: Bundesverband Deutscher Zeitungsverleger. e.V..

Hohlfeld, Ralf (2010): Publizistische Qualität in neuen Öffentlichkeiten. In: Hohlfeld et al. (2010): 20-36.

Hohlfeld, Ralf/Müller, Philipp/Richter, Annekathrin/Zacher, Franziska (Hg.) (2010): Crossmedia – Wer bleibt auf der Strecke? Münster: LIT.

Huber, Frank/Lenzen, Michael/Daum, Andreas (2012): Viral Marketing erfolgreich nutzen. Eine empirische Analyse zur Weiterleitungsabsicht für virale Werbespots. Lohmar, Köln: Josef Eul.

Huebner, Simon (2014): Jan Böhmermann beim 1. Eisenhüttenstädter Hörsaal-Slam – One day. In: YouTube. 19.01.2014. URL: http://www.youtube.com/ watch?v=R0UI-Z5gaKsM (Abruf Mai 2015).

Hugendick, David (2014): Oh, Baby, sei doch glücklich. In: Zeit.de. 21.01.2014. URL: http://www.zeit.de/kultur/2014-01/julia-engelmann-hype-glueck (Abruf Mai 2015)

IT Wissen (2015a): Definition Social-Media. In: IT-Wissen. Das große Online-Lexikon für Informationstechnologie. Ohne präzises Datum. URL: http://www.itwissen.info/definition/lexikon/Social-Media-social-media.html (Abruf Mai 2015).

IT Wissen (2015b): Definition Soziales Netzwerk. In: IT-Wissen. Das große Online-Lexikon für Informationstechnologie. Ohne präzises Datum. URL: http://www.itwissen.info/definition/lexikon/Soziales-Netzwerk-social-network.html (Abruf Mai 2015).

IT Wissen (2015c): Definition Web 2.0. In: IT-Wissen. Das große Online-Lexikon für Informationstechnologie. Ohne präzises Datum. URL: http://www.itwissen.info/definition/lexikon/Web-2-0-web-2-0.html (Abruf Mai 2015).

Jaffe, Eric (2014): These Scientists Studied Why Internet Stories Go Viral. You Won't Believe What They Found. In: Co.DESIGN. 03.01.2014. URL: http://www.fastcodesign.com/3024276/evidence/these-scientists-studied-why-internet-stories-go-viral-you-wont-believe-what-they-f (Abruf Mai 2015).

Journalisten-Werkstatt (2014): Der „New York Times"- Report Innovation. Salzburg: Medienfachverlag Oberbauer. In: Medium Magazin für Journalisten (2014): Beilage

Kagan, Noah (2014): Why Content Goes Viral: What Analysing 100 Million Articles Taught Us. In: Huffingtonpost.com. 13.06.2014. URL: http://www.huffingtonpost.com/noah-kagan/why-content-goes-viral-wh_b_5492767.html (Abruf Mai 2015).

Kansky, Holger (2015): Paid Content-Modelle in der Übersicht. In: Breyer-Mayläner (2015): 83-100.

Kaufman, Leslie (2013): Viral Content With a Liberal Bent. In: Nytimes.com. 13.10. 2013. URL: http://www.nytimes.com/2013/10/14/business/media/upworthys-viral-content-with-a-liberal-bent-is-taking-off.html?pagewanted=all&_r=0 (Abruf Mai 2015).

Knüwer, Thomas: Der Innovation Report der „New York Times" – ein historisches Dokument. In: Indiskretion Ehrensache. 16.05.2014. URL: http://www.indiskretionehrensache.de/2014/05/innovation-report-new-york-times /#more-12115 (Abruf Mai 2015).

Kulow, Tina (2013): Facebook veröffentlicht zum ersten Mal tägliche und (tägliche) mobile Nutzerzahlen für Deutschland. In: Facebook.com. 16.09.2013. URL: https://www.facebook.com/notes/tina-kulow/facebook-ver%C3%B6ffentlicht-zum-ersten-mal-t%C3%A4gliche-und-t%C3%A4gliche-mobile-nutzerzahlen/7247695 20882236 (Abruf Mai 2015).

Kreutzer, Ralf T. (2014): Praxisorientiertes Online-Marketing. 2. Auflage, Wiesbaden: Springer Gabler.

Kroker, Michael (2013): Die Geschichte von Social Media – von 1969 bis 2012. In: blog.wiwo. de. 10.07.2013. URL: http://blog.wiwo.de/look-at-it/2013/07/10/die-geschichte-von-social-media-von-1969-bis-2012/ (Abruf Mai 2015).

Kroker, Michael/Steinkirchner, Peter (2014): Heftig.co-Gründer: „Wir klauen nicht". In: Wiwo.de. 01.06.2014. URL: http://www.wiwo.de/technologie/digitale-welt/heftig-co-heftig-co-gruender-wir-klauen-nicht/9970406.html (Abruf Mai 2015).

Langner, Sascha (2009): Viral Marketing. Wie Sie Mundpropaganda gezielt auslösen und Gewinn bringend für sich nutzen. 3., erweiterte Auflage. Wiesbaden: Gabler, GWV Fachverlage.

Lee, Janghyuk/Lee, JongHo/Lee, Dongwon (2009): Impacts of Tie Characteristics on Online Viral Diffusion. In: Communications of the Association for Information Systems. Nr. 24. 545-556.

Liese, Christina (2012): Social Media und Verlage – eine Trilogie. Teil 1. In: Omkt.de. 02.03.2012. URL: http://www.omkt.de/social-media-und-verlage-eine-trilogie/ (Abruf Mai 2015).

Likemag (2014): Über Likemag. In: likemag.de. Ohne präzises Datum. URL: http://likemag.com/de/3 (Abruf Mai 2015).

Mau, Gunnar/Schulz, Sebastian/Silberer, Günter (2008): Determinanten des Weiterempfehlens im viralen Marketing. In: Transfer, Werbeforschung & Praxis: Zeitschrift für Werbung, Kommunikation und Markenführung. Jg. 53. Nr. 2. 18-30.

Medium Magazin für Journalisten: Ihr lügt doch alle. 29. Jg. Nr. 11/2014. Beilage.

Meier, Christian (2014a): Heftig-Gründer Glöß und Schilling: „Jeder Artikel ein gutes Gefühl". In: meedia.de. 27.05.2014. URL: http://meedia.de/2014/05/27/heftig-gruender-gloess-und-schilling-jeder-artikel-ein-gutes-gefuehl/ (Abruf Mai 2015).

Meier, Christian (2014b): Relevanz, Reichweite, Erlöse: Die wichtigsten Punkte der Spiegel Online Agenda. In: meedia.de. 10.07.2014. URL: http://meedia.de/2014-/07/10/relevanz-reichweite-erloese-die-wichtigsten-punkte-der-spiegel-online-agenda/ (Abruf Mai 2015).

Meier Christian (2014c): „Wir müssen uns rascher wandeln": Sven Gösmanns dpa-Strategie. In: meedia.de. 16.10.2014. URL: http://meedia.de/2014/10/16/wir-muessen-uns-rascher-wandeln-sven-goesmanns-dpa-strategie/ (Abruf Mai 2015).

Meier, Klaus (2012): Statistisch berechnet: Im Jahr 2034 erscheint die letzte gedruckte Tageszeitung. In: Journalistik. Das Blog zum Buch. 06.03.2012. URL: https://journalistiklehrbuch.wordpress.com/2012/03/06/statistisch-berechnet-im-jahr-2034-erscheint-die-letzte-gedruckte-tageszeitung/ (Stand Mai 2015).

Meusers, Richard (2013): Journalismus: „BuzzFeed" feiert Erfolg mit Katzenbildern und Nachrichten. In: Spiege.de. 05.09.2013. URL: http://www.spiegel.de/netzwelt/ web/buzzfeed-feiert-erfolg-mit-katzenbildern-und-nachrichten-a-920532.html (Abruf Mai 2015).

Meyer, Robinson (2014): The New York Times' Most Popular Story of 2013 Was Not An Article. In: theatlantic.com. 17.01.2014. URL: http://www.theatlantic.com /techno-logy/archive/2014/01/-em-the-new-york-times-em-most-popular-story-of-2013-was-not-an-article/283167/ (Abruf Mai 2015).

Mitchell, Amy/Kiley, Jocelyn/Gottfried, Jeffrey/Guskin, Emily (2013): The Role of News on Facebook. 24.10.2013. In: Journalism.org. URL: http://www.journalism.org/-2013/10/24/the-role-of-news-on-facebook/ (Abruf Mai 2015).

Moring, Andreas (2014): Social Media für Verlage und Zeitungen. Hamburg: Eigenverlag.

Müller, Martin U. / Schmitz, Gregor Peter: Piraten in Sicht. In: Spiegel.de. 27.05.2013. URL: http://www.spiegel.de/spiegel/print/d-96239010.html (Abruf Mai 2015).

Mullin, Benjamin: Dean Baquet: NYT will retire 'system of pitching stories for the print Page 1'. In: Poynter.org. 20.02.2015. URL: http://www.poynter.org/news/media-wire/321637/dean-baquet-nyt-will-retire-system-of-pitching-stories-for-the-print-page-1/ (Abruf Mai 2015).

Newman, Nic; Levy, David A. L.: Reuters Institute Digital News Report 2014. Tracking the future of news. In: digitalnewsreport.org. 30.06.2014. URL: http://www.digital-newsreport.org/ (Abruf Mai 2015).

Patalong, Frank (2009): Airbus-Unglück auf Twitter: „Da ist ein Flugzeug im Hudson River. Verrück." In: Spiegel.de. 16.01.2009. URL: http://www.spiegel.de/netzwelt

/web/airbus-unglueck-auf-twitter-da-ist-ein-flugzeug-im-hudson-river-verrueckt-a-601588.html (Abruf: Mai 2015).

Petrescu, Maria (2012): Viral advertising: Conceptual and empirical examination of antecedents, context and its influence on purchase intentions. Dissertation at the Florida Atlantic University. In: umi.gradworks.com. Ohne präzises Datum. Dissertations & Thesis Gradworks. URL: http://gradworks.umi.com/ 35/20/3520014.html (Abruf Dezember 2014).

Pew Research Center for the People and the Press (2012): State of the media report. In: pewresearch.org. 19.03.2012. URL: http://www.pewresearch.org/2012/03/19/state-of-the-news-media-2012/ (Abruf Mai 2015).

Phelps, Joseph E./Lewis, Regina/Mobilio, Lynne/Perry, David/Raman, Niranjan (2004): Viral Marketing or Electronic Word-of-Mouth Advertising: Examining Consumer Responses and Motivations to Pass Along E-Mails. In: Journal of Advertising Research. Jg. 44. Nr. 4. 333-348.

Porter, Lance/Golan, Guy J. (2006): From Subservient Chicken To Brawny Men: A Comparison of Viral Advertising to Television Advertising. In: Journal of interactive Advertising. Jg. 6. Nr. 2. 30-36.

Proceedings of the 2008 International Conference on Web Search and Data Mining (2008), ACM, USA, New York: Online-Publikation.

Proceedings of the 23rd conference on world wide web. ACM, New York: Online-Publikation.

Reißmann, Ole (2011): „'Huffington Post': Konsequent und dreist". In: Spiegel.de. 02.11.2011. URL: http://www.spiegel.de/netzwelt/web/huffington-post-konsequent-und-dreist-a-795474.html (Abruf Mai 2015).

Riccò, Jessica (2014): Megaheftig. Dinge, die mir wichtig sind. Erzähl sie weiter! In: megaheftig.tumblr.com. Jahr 2014. URL: http://megaheftig.tumblr.com/uebermich (Abruf Dezember 2014).

Risto, Eike (2010): Going viral. Was virale Phänomene im Internet sind und wie sie sich auf die journalistische Berichterstattung auswirken können. Diplomarbeit am Institut für Journalistik der Technischen Universität Dortmund, vorgelegt am 23. Dezember 2010.

Rixecker, Kim (2014): Psychologie der Viralität: Warum wir teilen, was wir teilen. In: t3n.de. 25.04.2014. URL: http://t3n.de/news/psychologie-viralitaet-teilen-viraler-content-viral-547129/ (Abruf Mai 2015).

Rubin, Rebecca B./Perse, Elizabeth M./Barbato, Carole A. (1988): Conceptualization and Measurement of Interpersonal Communication Motives. In: Human Communication Research, Jg. 14. Nr. 4. 602-628.

Schindler, Sebastian (2013): Social Media Sides Capture a Third of Display Ad Impressions in Germany. In: comScore.com. 14. 06. 2013. URL: http://www.comscore.com/ger/Insights/Data-Mine/Social-Media-Sites-Capture-a-Third-of-Display-Ad-Impressions-in-Germany (Abruf Mai 2015).

Schmidt, Holger (2014a): Die Lehren aus dem „Innovation-Report" der New York Times. In: Netzoekonom.de. 17.05.2014. URL: http://netzoekonom.de/2014/05/17/lehren-aus-dem-innovation-report-der-new-york-times/ (Abruf Mai 2015).

Schmidt, Holger (2014b): Woher die Leser der Nachrichten- und Click-Bait-Sites kommen. In: Holger Schmidt Medien. 28.05. 2014. URL: https://netzoekonom.de/ 2014/05/28/die-trafficquellen-der-nachrichtensites/ (Abruf Mai 2015).

Schröder, Jens (2014a): 10.000 Flies, Top Artikel, Jahr. In: 10.000flies.de. 18.11.2014. URL: http://www.10000flies.de/ (Abruf November 2014).

Schröder, Jens (2014b): Medien-Revolution: Wie Heftig, Likemag & Co. das Social Web erobern. In: meedia.de. 02.05.2014. URL: http://meedia.de/2014/05/02/medien-revolution-wie-heftig-likemag-co-das-social-web-erobern/ (Abruf Mai 2015).

Schulz, Jakob: Die Klickdiebe. In: Journalist.de. 03.06.2014. URL: http://www.journalist.de/ aktuelles/meldungen/buzzfeedisierung-die-klickdiebe.html (Abruf Mai 2015).

Shapira, Ian (2010): A Facebook Story: A mothers joy and a family's sorrow. In: washingtonpost.com. 09.12.2010. URL: http://www.washingtonpost.com/wp-srv/special/ metro/facebook-story-mothers-joy-familys-sorrow.html?hpid=topnews (Abruf Dezember 2014).

Simons, Anton (2011): Journalismus 2.0. Praktischer Journalismus Band 84. Konstanz: UVK.

Slavic, Angelika (2014): Vier Millionen für 30 Sekunden. In: sueddeutsche.de. 02.02.2014. URL: http://www.sueddeutsche.de/wirtschaft/werbung-in-der-super-bowl-vier-millionen-fuer-sekunden-1.1877518 (Abruf Mai 2015).

Somaniya, Ravi; Isaac, Mike; Goel, Vindu (2015): Facebook may host News Site's Content. In: New York Times. 23.03.2015. URL: http://www.nytimes.com/2015/03/24- /business/ media/facebook-may-host-news-sites-content.html?smid=tw-share&_r=2 (Abruf März 2015).

Spiegel Online 2015: Instant Articles: Spiegel-Online-Texte kommen in die Facebook-App. In: spiegel.de. 13.05.2015. URL: http://www.spiegel.de/netzwelt/web/face-book-instant-articles-von-spiegel-online-a-1033564.html (Abruf Mai 2015).

Stenger, Daniel (2011): Virale Markenkommunikation. Einstellungs- und Verhaltenswirkungen viraler Videos. Wiesbaden: Gabler Verlag/Springer Fachmedien.

Steinkirchner, Peter (2014): Werbexperte Thomas Koch „Heftig.co ist eine neue Art der Yellow-Press". In: Wiwo.de. 30.05.2014. URL: http://www.wiwo.de/ technologie/digitale-welt/werbexperte-thomas-koch-heftig-co-ist-eine-neue-art-der-yellow-press/9970984.html (Abruf Mai 2015).

Steinschaden, Jakob: Anatomie des Clickbaiting: So ködern uns Upworthy, BuzzFeed und Co. In: Netzpiloten. 21.04.2014. URL: http://www.netzpiloten.de/anatomie-des-clickbaiting-koedern-uns-upworthy-buzzfeed-und-co/ (Abruf Mai 2015).

Stöcker, Christian (2014a): Deutsche Ausgabe: „Huffington Post" startet mit Unionsbloggern. In: Spiegel.de. 10.10.2013. URL: http://www.spiegel.de/netzwelt/web/ deutsche-ausgabe-huffington-post-startet-mit-unions-bloggern-a-927102.html (Abruf Mai 2015).

Stöcker, Christian (2014b): Vorstoß nach Deutschland: Wie „BuzzFeed" und Co. Den Journalismus verändern. In: Spiegel.de. 21.01.2014. URL: http://www.spiegel.de/ netzwelt/ web/wie-buzzfeed-co-den-journalismus-veraendern-a-944640.html (Abruf Dezember 2014).

Storyfilter (2014). Storyfilter Selbstbeschreibung. In: Storyfilter.com. Ohne präzises Datum. URL: http://www.storyfilter.com/ (Abruf Dezember 2014).

Teixeira, Thales S.: (2012): The New Science of Viral Ads. In Harvard Business Review. Jg. 90. Nr. 3. 25-27.

The New York Times (2014): Innovation. In: scribd.com. 24.03.2014. URL: https://pdf.-yt/ d/59s-4-I2qSvG6MnA (Abruf Mai 2015).

The New York Times Customer Insight Group (2011): The Psychology of Sharing. In: NYT Marketing. Ohne präzises Datum. URL: http://nytmarketing.whsites.net/med iakit/pos/ (Abruf: Mai 2015).

Tomczak, Torsten/Kruthoff, Kai (2002): Viral Marketing: Achtung Ansteckungsgefahr. In: Persönlich. Die Zeitschrift für Marketing und Unternehmensführung. Ausgabe August 2002. URL: 1285664255_Viral Marketing (Persoenlich 08-02).pdf (Abruf Mai 2015).

Unbekannter Autor (2011): Leitlinien für die Nutzung Sozialer Medienangebote. 08.06.2011. In: journalist.de. URL: http://www.journalist.de/ratgeber/handwerk-beruf/richtlinien-und-statute/ndr-social-media-guidelines.html (Abruf Mai 2015).

Unbekannter Autor (2013a): Merkels Halsschmuck auf Twitter: „Hätte, hätte, Deutsch-landkette". In: Spiegel.de. 02.09.2013. URL: http://www.spiegel.de/politik/ deutsch-land/schlandkette-merkel-s-kette-punktet-beim-tv-duell-gegen-steinbrueck-a-919791.html (Abruf Mai 2015).

Unbekannter Autor (2013b): US-Zeitungen weichen Paywall-Modell auf. In: meedia.de. 20.09.2013. URL: http://meedia.de/2013/09/20/us-zeitungen-weichen-paywall-modell-auf/ (Abruf Mai 2015).

Viralnova (2014): About Viralnova. In: Viralnova. Trending stories on the web. Ohne präzises Dartum. URL: http://www.viralnova.com/about-viralnova (Abruf Mai 2015).

Walch, Dominik (2012): Der Long Tail von Facebook in PR und Medien. Hamburg: Diplomatica Verlag.

Waterhouse, David (2014): Activia's Shakira Video Overtages VW to Become Most Shared Video Ad of All Time. In: Unruly.co. 31.07.2014. URL: http://unruly.co/news/article/2014/07/31/activias-shakira-video-overtakes-vw-become-shared-ad-time/ (Abruf Mai 2015).

Wenzlaff, Karsten (2013): Pinterest 30 Tage vorher, Facebook 2 Tage vorher – was Buzzfeed in den sozialen Netzwerken gelernt hat. In: Ikosom.de. Institut für Kom-munikation in sozialen Medien. 15.12.2013. URL: http://www.ikosom.de/2013/12-/15/pinterest-30-tage-vorher-facebook-2-tage-vorher-was-buzzfeed-in-den-sozialen-netzwerken-gelernt-hat/ (Abruf Mai 2015).

Westlund, Oscar/Nel, François (2012): Managing New(s) Conversations: The Role of Social Media in the News Provision and Participation. In: Friedrichsen, Mike/ Mühl-Benninghaus Wolfgang (2013): 179-200.

Wienand, Lars (2014): Das ist heftig: Die Viralseiten-Macher und ihr Verhältnis zu Urhe-berrechten. In: Rhein-Zeitung.de. 28.05.2014. URL: http://www.rhein-zeitung.de/-nachrichten/netzwelt/news_artikel,-Das-ist-heftig-Die-Viralseiten-Macher-und-ihr-Verhaeltnis-zu-Urheberrechten-_arid,1158093.html#.U4wdBig08kJ (Abruf Mai 2015).

Winterbauer, Stefan: 10 krasse Tipps, wie Du Viral-Artikel aufmotzen kannst. Nummer 6 ist ein Hammer – Wow. In: meedia.de. 23.04.2014. URL: http://meedia.de/2014/04-/23/10-unglaubliche-tipps-mit-denen-du-viral-artikel-aufmotzen-kannst-nummer-6-ist-ein-krasser-hammer-wow/ (Abruf Mai 2015).

Winterbauer, Stefan (2013): Springer verkauft Abendblatt, Hörzu & Co. In: meedia.de. 25.07.2013. URL: http://meedia.de/2013/07/25/springer-verkauft-abendblatt-horzu-co/ (Abruf Mai 2015).

Wirminghaus, Niklas (2014): LOL, WIN, OMG: Gründer Jonah Peretti über das Erfolgskonzept von Buzzfeed. In: gruenderszene.de. 25.02.2014. URL: http://www.grue nderszene.de/allgemein/jonah-peretti-buzzfeed-interview (Abruf Mai 2015).

Wissen (2015): Viren. In: Online-Lexikon Wissen.de. Ohne präzises Datum. URL: http://www.wissen.de/lexikon/viren-medizin (Abruf Mai 2015).

Wohlert, Nora-Vanessa (2013): Mathias Döpfner: „Das Geld wird dem Geist folgen". In: gruenderszene.de. 22.05.2013. URL: http://www.gruenderszene.de/interviews/doepf ner-axel-springer-startups (Abruf Mai 2015).

Abbildungsverzeichnis

The manufacturer's authorised representative in the EU is Springer
Nature Customer Service Centre GmbH, Europaplatz 3, 69115 Heidelberg,
Germany. If you have any concerns regarding our products, please
contact ProductSafety@springernature.com

Printed and bound by CPI Group (UK) Ltd, Croydon, CR0 4YY
27/04/2026
02097652-0010